让"魔法"飞一会儿

——小学数学"魔法数学"校本课程实践研究

刘 倩 著

中国矿业大学出版社
· 徐州 ·

图书在版编目(CIP)数据

让“魔法”飞一会儿：小学数学“魔法数学”校本课程实践研究 / 刘倩著. —徐州：中国矿业大学出版社，2021.5

ISBN 978-7-5646-5027-8

Ⅰ. ①让… Ⅱ. ①刘… Ⅲ. ①小学数学课—教学研究 Ⅳ. ①G623.502

中国版本图书馆 CIP 数据核字(2021)第 101662 号

书　　名　让“魔法”飞一会儿——小学数学“魔法数学”校本课程实践研究
著　　者　刘　倩
责任编辑　史凤萍
出版发行　中国矿业大学出版社有限责任公司
（江苏省徐州市解放南路　邮编 221008）
营销热线　(0516)83885105　83884103
出版服务　(0516)83995789　83884920
网　　址　http://www.cumtp.com　**E-mail**:cumtpvip@cumtp.com
印　　刷　苏州市古得堡数码印刷有限公司
开　　本　710 mm×1000 mm　1/16　**印张** 9.75　**字数** 160 千字
版次印次　2021 年 5 月第 1 版　2021 年 5 月第 1 次印刷
定　　价　40.00 元

序一
自言自语:让“魔法”飞一会儿

有人说,数学是世界上最枯燥的东西。

也有人说,数学是世界上最有趣的东西。

说它枯燥的,恨不得避之千里终生不见。说它有趣的,每日沉醉其中无法自拔。自踏入小学数学教学工作岗位23年以来,在每每走进教室的那一瞬,看到过太多太多一双双随着铃声的响起突然闪耀起来或突然黯淡下去的孩子们的眼神……那眼神与眼神间的对比,折射出一份和另一份完全不同的小情绪和小情感,巨大的落差间,心总被微微刺痛。

看得太多,我不由得开始思考:

对于数学,同样端坐在一间教室里的孩子为何会有如此迥然不同的态度?是我们精心设计的所谓几度教案还不足以精致到让他们欢喜,精心编排的所谓兴趣课程还不足以激发他们的兴趣?还是我们一边熟读成诵课标里那句“以生为本”一边并没落实“把儿童放在中央”,每天忙碌到飞起的节奏里顾不上俯下身去听听他们内心的声音?

走得太久,还记不记得当初为何出发?

这一句,是每位教育工作者在职业生涯的不同拔节期都要叩问内心的问句。

儿童时期是人一生中创造力和想象力的高峰时期。他们喜怒形于色，极易受环境影响。他们天马行空，喜欢冒险探索。他们呼朋引伴，和志同道合的伙伴一起做任何事都快乐加倍、效率加倍。他们容易被这世界的奇妙所吸引，喜欢自己动手试一试，又总是要打破砂锅问到底——这些，都是多么可贵的品质！这些，又都是多么可贵的，可以在上面挥毫泼墨、成就绚烂未来的底色啊！

慨叹的同时，我继续思考：

作为一名长期工作在一线的小学数学教师，深知在作为国家课程重要补充的校本课程已日益显露出它不可替代性的今天，建构一整套真正受学生欢迎又真正对学生成长有价值的课程体系是多么的重要。教育的关键作用，就是引导学生发挥自己的潜能，找到适合自己发展的道路。而什么样的方向、什么样的内容，才是学生真正喜欢和长期受益的？所谓"思维能力""核心素养""持续发展"，统统不在话下。赋予什么样的形式，才能得到学生持续的热爱？所谓"求之不得，寤寐思服。悠哉悠哉，辗转反侧"。也许，我们一时间无法描摹清楚它的模样，但我们知道：这样的课程，一定是愿意俯下身去倾听儿童的声音，把儿童放在课堂的最中央，有着浓浓的儿童味道的。它从儿童的视角和喜好出发，编写课程内容；它从符合儿童生活经验的角度，架构课程体系；它建构足够奇妙的情境问题，吸引儿童主动探究；它有效促生学习成功感，激发学生创新思路方法；它鼓励合作表达自我，让探究效率加倍；它敞开评价的舞台，让每一颗星发光、发亮。只有真正把儿童定位为课程中的第一角色，课堂才会生长出儿童喜欢的模样！

而此刻的我们，迫切需要这样一道彩虹，搭建从"枯燥"到"有趣"之间的桥梁。

所幸遇见贾斯珀系列。

贾斯珀系列是20世纪80年代以来美国建构主义教学模式的典范案例之一。它是由美国的温特贝尔特大学认知与技术小组

(CTGV)运用已有的研究成果所创设的，共包括以录像为依据的12个历险故事。这些历险故事主要以发现和解决一些数学中的问题为核心，以提出各种各样的挑战性问题而结束。每一个历险故事的设计都像一部精彩的侦探小说，用来解决历险中问题的所有必需的数据以及一些原始的数据都镶嵌在故事中，为一些典型的问题解决方法提供示范。贾斯珀系列以它成功的情境问题代入建构知识的教学模式，在国内外一众以“趣味数学”“数学魔法”“数学探险”为模式的数学课程开发局面中，一骑绝尘，成为公认的建构主义教学模式的典范。

于是，我眼前一亮。几乎同一时期，我又读到怀特海的“学生是有血有肉的人，教育的目的是激发和引导他们的自我发展之路”与马丁·加德纳的“唤醒学生最好的办法是向他们提供有吸引力的数学游戏、智力题、魔术、笑话、悖论、打油诗或那些呆板教师认为无意义而避开的其他东西”。反复品味这两句经典，我深受触动，原初的念想就愈发地坚定了起来。

在大师的启迪之下，“魔法数学”校本课程应运而生。

“魔法”的世界本就再具吸引力不过，对师生皆是如此。我们将数学学习浸润“魔法”的色彩，让儿童在浓浓的“魔法”氛围中打开数学王国的大门。我们期待在40分钟的课堂上，引领学生在魔幻奇妙的问题情境和任务驱动下探究魔法、揭秘魔法、创编魔法，使学生在探索交流中产生强烈的自主学习数学的需要、训练数学技能、发展数学思维、了解数学本质。我们期待在40分钟之外，开展富有魔法趣味的主题研究和课程活动，使学生在实践中成长为解决问题的能手，在舞台上定格为飞扬个性的主角。我们期待在丰富和完善校本课程的同时，有效解决当前校本课程开发中遇到的问题，更好地发挥校本课程研究的意义所在。同时，我们希望课程的研究与实践，能真正为孩子们做一些实实在在的事情：

开发一套适用于学生的“魔法数学”校本教材；

实践出适合儿童的、受儿童喜欢的“魔法”路径的学习路径；

促进学生独立思考，自主探究，提高学习力，开阔视野；

促进学生在数学抽象、逻辑推理等方面综合发展，数学素养良好生长；

通过亲身参与“魔法数学”课程内容的开发，让学生在数学领域中得到自主发展。

我们想让“魔法”飞一会儿——飞出来一道美丽的弧线，搭建出从“枯燥”到“有趣”之间的桥梁。

这确实是值得冒险的一次研思之旅。

为了值得我们终生热爱的儿童。

2018年春

序二
写给所有小魔豆的话

亲爱的小魔豆们：

当你们第一次听说“魔法数学”四个字的时候，心里是否充满了好奇——魔法？数学魔法？数学魔法书？听起来多么有吸引力啊！是啊，如果把数学这门学科比作一间神奇的魔法宫殿，亲爱的小魔豆们，那一个个数学知识就像即将在你们手上串成的魔法手链，那一项项解题技能就像你们马上就要习得的魔法咒语：“呜里哇啦啦……超级变变变！”——一道道难题在你们的魔咒里分分钟迎刃而解！

数学即是魔法。

我们从书本上传统的数学四大领域（数与代数、图形与几何、统计与概率、综合与实践）出发，传承发展为“巧思魔算”“空间魔法”“数学应用”“综合实践”四大板块。同时，我们又充分尊重你们的喜好，开拓出大家喜闻乐见的“传统游戏”和“数学家族”两个领域，形成属于你们自己的校本特色课程板块。更难得的是，所有的老师们花费了三年时间为你们精心编写了一套专属于你们的第一本数学魔法书。就在你们打开这本书的这一刻起，你们的魔法师们将陪伴着你们一起，观赏魔法、探究魔法、秀出魔法、创编魔法，在魔法数学的世界里遨游！我们自始至终秉承着这样的信念：你们，才是数学学习的主人，是在魔法数学王国里自主探究、自主生长的小小魔法师们！

小魔豆们，你们的老师，编写组的年轻魔法师们用一腔热情致力于第一本魔法数学书的创编。它并不是天底下最完美的一本书，但却是和你们的心贴得最近的一本书。我们最初的也是最终的心愿，就是能通过这本书，在你们幼小的心里播下爱数学的种子，并期待这粒种子能够在菁菁校园里生根、发芽、开花，有朝一日长成参天大树。

期待这一天的早日到来。

爱你们的老师

2020年春

目　录

追寻篇——背景

设计篇——开发

落地篇——实施

呈现篇——课例

追寻篇——背景

第一章　沃土:百年童心　快乐生长

“云龙山麓,钟鼓楼旁,维周肇始,百年辉煌……”一口古钟,回响几个时代;一座青碑,见证几度沧桑。如果你走进青年路224号的徐州市青年路小学(简称“青小”)老校址,会看到在充满现代化气息的校园内赫然悬挂着一口古钟,名为世纪钟。古钟身为铜铸,朴实无华,钟声浑厚悠长,从1915年始一直回响至今。(图1)

在它的不远处,学校的东南角,矗立着一尊功德碑,碑为青石所刻,从1920年始一直矗立在这所校园里。(图2)

图1　世纪钟

图2　功德碑

这一钟一碑遥相呼应,在近旁一棵繁盛的玉兰树下相映成趣,成为百年青小最具历史性的标志。如果你近前端详,会发现在功德碑正面,镌刻着一位清末民初装扮的老先生的画像。他一袭长衫,面容清癯,目光如炬,眺望远方……他,就是百年青小的创始人——杨维周先生。(图3)

图 3　杨维周先生

一、百年童心，栉风沐雨

说到百年青小，就不得不提到它的创始人杨维周先生。杨维周(1857—1919)，铜山人，终生从事地方教育事业，是徐州地区教育创始人和奠基人之一。19 世纪末，随着“男女平等”“女性教育”的文明思潮传入，近代女子教育在清末中华大地上萌生发芽，民间逐渐兴起中国人自办女子学堂的风潮。一生思想超前、意识开放的杨维周先生毅然决定，于 1915 年在徐州创办第一所女子学校——国民敬仪女校，即徐州市青年路小学的前身。

国民敬仪女校是徐州历史上专门接收女子入校读书的学校。在当时女性教育相对滞后的年代，建立女校、让女子接受正规教育是一件敢为天下先、了不起的事情。女子学校的创建，为普通门户的女子接受正规教育提供了便利，对促进当时女性自我意识觉醒、争取社会地位、实现个人价值乃至推动全民族精神文明进步都有着积极的作用。

建校伊始，杨维周先生就提出“儿童是学校的中心，学校是儿童的乐园”的办学思想。这十六个字，立意精准，格局高远，放在百年之后的今日仍具深刻教育内涵。当年杨老先生率先提出的“解放女性”、争取“尊重、平等、独立、自主”的办学口号，相比当时名为“淑女教育”，实为培养更符合男权社会要求三从四德的“贤妻良母”的所谓女子学堂，进步明显，不得不令人钦佩。“十年树木，百年树人”，教育对人的影响永远是巨大而深远的。后人为感怀杨维周先生的丰功伟业，于 1920 年立碑纪念其功德，才有了如今这座历经百年沧桑依然伫立不倒的功德碑。

钟声悠悠，我们仿佛跨越时空，看到一身青衣长衫的杨维周先生，气宇轩昂，俯首书案，凝神思索，挥笔写下“儿童是学校的中心，学校是儿童的乐园”。在挥毫泼墨之间，杨老先生也许不曾想到，这十六字的箴言将一直烛照百年之后的时光，凝于漫天星光之间。

“儿童是学校的中心，学校是儿童的乐园”。传承百年童心教育思想，徐州市青年路小学以“培养自主发展的现代儿童”为办学目标，提升教师团队的奉献精神、职业理想、专业水平；以项目研究与课题研究为驱动，建设文化共同体、学研共同体、生活共同体；实施家校共育十大行动，办有温度、有故事、有时代情怀的卓越学校，彰显百年童心、快乐生长的办学张力。“培养自主发展的现代儿童”背后，是一群先生模样的教师群体。通过“校长有约”系列主题活动，引导教师学先生、悟先生、做先生，以理想信念、道德情操、扎实学识、仁爱之心，树先生之品格；通过文心书友会、三立书苑、嘉懿书社、亦乐书社等线上、线下各具特色的读书空间、读书沙龙，谈读书、谈人生、谈智慧，养先生之风骨；以江苏省前瞻性教学改革项目“小学生自主发展评价系统的建构与实践”和品格提升工程“协同·共育·行动：场域视野下儿童品格提升的实践探索”以及六项省级课题研究为抓手，引领教师“阅读、思考、研究、写作”，锤先生之术业；以“新时代先生”好教师团队引领教师群体学、做、悟“大先生”品格，凝聚团队的自我认同、职业认同、价值认同，做“有信仰、会学研、能创新、家国情”自觉觉人、最儿童的“人师”。

用先生之情怀，滋润儿童成长；用先生之格局，成就学校发展。近年来，青小获评教育部课程改革实验校、教育部中华优秀文化艺术传承学校、全国学校科技创新机器人联盟校、全国信息化教育理事单位、江苏省教师专业发展示范学校等。深厚的历史根基、鲜明的办学理念、强大的师资力量、远大的前行目标，这一切，无疑为培养跨时代的自主发展的现代儿童，打下了坚实的基础。

二、十年社团，快乐生长

课程乃一校之命脉。

作为对国家课程和地方课程有益补充的校本课程，日益显露出它不可或缺的重要意义和价值。通过校本课程开发的过程及其实施，学校进一步明确了自己的办学理念，开发和利用了大量的课程资源，形成了课程开发的团队，凝聚了人心。成功的校本课程的构建，于学校而言，有助于形成独特的校园文化和教学主张，加速学校的内涵发展；于学生而言，有助于关注学生的兴趣、爱好和特长，激发学生学习兴趣，关注学生个性差异，促进学生的和谐均衡发展；于教师而言，教师主动参与课程建设，直观能动地发挥教育智慧和创造精神，有助于成就一批有志年轻教师与学校同频共振共同成长，为教师专业化发展提供新的途径。

在“百年童心，快乐生长”的丰沃土壤积淀下，学校在扎实开设国家课程基础上大力发展校本课程建设，努力构建适合青小学子的生长课程。高瞻远瞩的校领导和锐意进取的教师团队领先创意本土化的校本课程，借社团活动平台在各年级铺陈开来，继杨维周先生创女子学校之后再次开创徐州教育先河。十多年来，青小创新开设一系列数学特色拓展课程，大致分为“思维训练”“数学文化”“数学游戏”“操作实践”四大类共28门课程，包含数学绘本、数学小游戏、思维训练营、图解数学、传统数学游戏、经典数学家故事、数学小制作，等等。这些课时长短不一的课程一经推出，就受到各年级学生的欢迎。每学期伊始，学生登录网站自主选课，心仪的课程总是一票难求，“秒杀”的场面一度在徐州小学教育界传为美谈。丰富多彩的课程在提升学生兴趣、开阔学生视野、锻炼学生数学思维、提升学生核心素养方面都取得了良好的效果。

与此同时，在青小的校园里，与数学课程相辅相成的数学考级活动已举办十年有余。低年级口算考级、中年级应用题考级、高年级综合实践解题考级在每年的10月如约而至。“计算小达人”“应用题小能手”“生活解题大师”……一批批考级“金奖”“银奖”获得者榜上有名，越来越多的学生集齐所有考级的大满贯金牌。十余年的数学考级活动，为学生搭建了展现数学思维和能力的平台，对落实小学数学课标中的“四基”，生长数学思想和数感，为思维力、运算力和表达力的全面提升打下了坚实的基础，同时也为学校数学教学质量的稳步提升发挥了不可替代的作用。

如今，十年已矣。

作为教育者的我们，目光也由最初的欣喜变得日趋冷静。我们理性地看到：这类课程和课程活动的开设，虽然作为国家课程的有机补充，受到很多学生的欢迎，但是很多时候仍显零散不成体系，缺乏必要的梳理。更让人遗憾的是，这些课程的开设作为课外知识拓展和补充作用有余，但在如何有效促生课内知识扎实生根、提升 40 分钟课堂学习效率效果方面却力不能及。在此现状之下，更呼唤一套能够彰显青小新百年新生命的数学校本课程体系，在促进学生自主发展、提高课堂学习效果、整合共享资源等方面开辟新领域，真正做到课内课外科学统筹，真正达成师生交流共享，真正实现儿童和谐均衡发展，真正实现“新百年”“最儿童”的青小持续前行。

第二章　灵感：偶遇贾斯珀系列

一、贾斯珀系列探险故事

马丁·加德纳曾经指出，唤醒学生的最好的办法是向他们提供有吸引力的数学游戏、智力题、魔术、笑话、悖论、打油诗或那些呆板教师认为无意义而避开的其他东西。古往今来的有关数学的教育理论和实践都可以证明，以学生感兴趣的情境问题代入建构知识的教学模式，对于小学数学课堂教学具有极大的价值。贾斯珀系列是20世纪80年代以来美国建构主义教学模式的典范案例之一。

贾斯珀系列是由美国范德堡大学 Peabody 学院的学习技术中心于1984年开始启动的研究项目，贾斯珀系列来源于该中心启动的为贾斯珀系列提供基础的三个主要研究项目：惰性知识研究项目、Vanderbiltlogo 项目和 Vanderbiht 动态评估项目。更确切地说，贾斯珀系列最直接产生于 Vanderbiht 动态评估项目的情境研究中对被“抛锚性知识”的使用。而对这三个项目的深入研究最终使抛锚教学的概念得以产生，并继而不断发展成熟。该中心将这些研究成果首先应用于语文和科学领域，进而转向数学领域。实验研究涉及美国9个州的16所学校，实验研究结果充分表明了贾斯珀系列具有较强的可行性和可操作性。温特贝尔特大学认知与技术小组运用已有的前期研究成果，以建构主义教学理论为理念，以抛锚教学为主要教学设计原则，以基于案例的学习、基于问题的学习和基于项目的学习为课程设计思想与原则，创设了风靡美国教育界的建构主义教学模式的案例典范——贾斯珀系列。该系列共包括以录像为依据的12个历险故事，这些历险故事主要以发现和解决一些数学中的问题为核心，以提出挑战性问题而结束。每一个历险故事都像一部精彩历险小说，用来解决历险中问题所有必需的数据以及一些原始的数据都镶嵌在情境故事中，同时为一些典型问题的解决提供方法示范，在精心建构中搭建学习数学的体系与学习的脚手架。贾斯珀系列一经推出，便受到广泛的好评，成为公认的建构主义教学模式典范。

二、建构主义在数学学习中的价值

1. 提供师生共享的教学情境

传统的教学中，要么单刀直入介绍某些知识点和解题技巧去解决固有领域中的问题，要么以发现已有的知识储备无法解决新问题而产生学习需求为途径来揭示新知。而贾斯珀系列数学课程，通过在建构的探险情境中解决一些挑战性问题来学习数学知识、探究数学问题，使学生在真正激发学习需要的基础上，去学习和发展数学概念和技巧。贾斯珀系列的独特之处就在于它能够为教师和学生共同提供一个基于丰富情境的、可信度极高的、充满吸引力的故事，故事里面有富有情趣的人物、有学生感兴趣的冒险故事、有复杂而有意义的挑战性问题，教师与学生可以运用数学概念和解决技巧来迎接挑战、解决问题。在师生共享的教学情境中，教师与学生达成完成任务的一致意见，共情共融，构建师生学习的共同体。

2. 多途径助力学生的探究学习

美国教育家曾这样评价贾斯珀系列：它并不仅仅是一部片子，而是一种挑战。贾斯珀系列的设计旨在帮助学生理解那些各种各样通过数学探究能力才能解决的问题。作为教育者，我们深知这样一件事：面对问题最后的规律和答案，如果跳过探究的过程，直接由老师或其他学生讲出，也许绝大多数学生都能听懂，但也许永远不理解背后的原理，不理解该在何时运用规律去解决实际问题，更缺少将其运用到其他情境中的能力，难以建立新旧知识之间的联系。因此，缺少积极研究过程而建立起来的知识点也是消极的、懒惰的、支离的。贾斯珀系列以鼓励学生探究学习为主要教学方式，包含的镶嵌式教学常常运用教师示范的方式，一般在历险故事遇到难解之题时适时出现。示范可以通过三种途径来帮助学生：第一，在特定的环境中观察教师的表演，学生们会更好地理解特定环境解决问题的范式；第二，当学生发展自己的技能技巧时，示范可以给他们提供指导；第三，通过示范提醒学生在解决问题中应该规避的问题。除此之外，鉴于学生面对复杂丰富的情境信息，刚开始试图解决挑战性问题时常常手足无措，贾斯珀系列还为每一个挑战故事提供了配套视频。配套视频的运用使得学生们易于返回到所需要的示范中去，对问题进行甄别和选择，从而提高了探究问题和解决问题的效率和效果。

3. 关注学生提出问题的重要性

问题的提出是数学思维生长的重要缘起。统观我们的课堂实际，在数学问题研究的过程中，大多数学生并不善于提出问题。传统数学学习中的应用题常常具有清晰的解题目标结构，因此教师便忽视了鼓励学生提出他们自己的问题、形成他们自己的学习目标。久而久之，学生在学习过程中形成只会分析已知条件和问题的刻板学习惯性，发现问题的能力和想象力、创造力锐减。而贾斯珀系列则不然，它总是以提出一些挑战性的问题而结束，这无疑给学生指明了总体的学习目标。为了解决这些具有挑战性的问题，学生必须要梳理和明确自己要解决的一些子问题和子目标。在学生看完视频后，教师常常组织全班进行讨论，学生们提出他们必须要解决的子问题，并由一名教师或学生记录，有些教师也把这些问题留给学生们的合作小组或学生自己独立去解决。无论哪一种方法，都能使学生积极参与、分析和解决问题。研究成果表明：在贾斯珀系列中的合作性学习小组中学习 4～5 个课时后，学生逐渐呈现出更善于解决复杂问题的趋势；学习 8～10 个课时后，部分学生逐渐呈现出喜欢进行复杂问题的解决的趋势。在良好的趋势中我们发现，学生的观察力更加敏锐，他们善于在生活中发现数学问题，能够沿着思维的脉络提出问题，继而探寻解决问题的途径和方法，这些都是数学素养稳步增强的外显表现。

4. 提供学生合作学习的自由空间

面对极具挑战性的问题，学生普遍最希望得到两方面的帮助：第一，足够轻松和充裕的探究时间与空间；第二，一起探究未知、面对困难和分享喜悦的伙伴。当学生因合作需要达成协作意向，共同解决复杂问题时，往往会表现出更强的责任感，完成使命的迫切感也更强烈。在这个过程中，伙伴间的正面激励、互相启发、思维的碰撞，起到事半功倍的作用，得到令人惊喜的探究效率和效果。

在贾斯珀系列中，挑战性问题的复杂性使学生难以单独解决问题，因而在不同的问题研究时期，教师可以适时对学生提出合作学习的建议或要求。更重要的是，与此同时向学生提供自由度较高的实践时间和空间，把学习的主动权真正还给学生。这种开明开放、互帮互助的学习生态，建立在真正地充分相信学生的基础上，因而广受学生的欢迎。

第三章　诞生：请将儿童放在学习正中央

受建构主义典范贾斯珀系列的启发，我们对校本课程的开发进行了深刻的思考。有没有这样一种课程，它作为国家课程的有机补充，能够在丰富学校课程体系的同时最大限度地塑造学生鲜明的个性。它自始至终把儿童的兴趣、需求、感受放在课程的最中央，真切把握儿童的兴奋点和学习需要，让儿童“看到和被看到”。它通过奇趣情境吸引儿童走入学习大门，以驱动性问题引领整个探究过程，一路探究一路解密，一路解密一路创造。它给予儿童充分的参与、表现机会，使其找到课堂中适合自己的位置，发挥每一个小宇宙的能量。它能够从多维视角和动态发展评价儿童，真实记录儿童每一个点滴的生长。它不脱离国家课程，与课本内容紧扣，提升学生思维，培养学生数学思想，促进学生自主学习与成长。更重要的是，它能最终形成一个比较完整的课程体系，可以脚踏实地地实施下去，受到众多儿童的喜爱。

我想，这样的课程应该做到下面三点。

一、有儿童的味道

曾几何时，我们的校本课程在缺乏深度思考的前提下变成了无本之木、空中楼阁。“拿来主义”的简单模仿，人云亦云，心中无根，初心难寻。课程的建构，或是简单无趣的技能训练的重复，或是深奥抽象的思维难题的叠加，既不能激发儿童的热情，更不能有效引导儿童动手探究和个性思考；既不能创设吸引儿童的课堂，又不能保持儿童乐在其中的热情和深度学习。

它背负了太多厚重的“大人们”的“期待”，这“期待”太沉重也太枯燥乏味，让人们忘却了我们教育的对象，是一个个儿童啊。

儿童纯真无邪，活泼好动，灿烂如花。他们用好奇的眼光、敏锐的触角、诸多的奇思妙想去感受生活、体悟世界，让人不由得想去呵护。我们的教育该怎样做才能保持这小小的一颗心对于世界的热爱？怎样做才能保护儿童的灵性？顺应儿童天性，尊重儿童的自由，发展儿童的特质，理清儿童、课程、教师和学校之间的关系，让儿童在学习和生活中身心自由、成就独特的自我，敢于表达真实的声音。“守住初心，方得始终”，这是我们对课程建构的原则。

课程是儿童全部学校生活的总和。课程是跑道，是窗口，是机会，是桥梁。课程是听说读写、跑跳歌唱，是每一块黑板、每一片花圃、每一面墙壁、每一个舞台。为儿童提供什么样的课程，就是为儿童提供什么样的成长。适合儿童发展的课程，才是有生命力的课程。作为课程开发者，我们要思考的是从儿童的需求出发去选择和建构课程。课程的研发、课程的设计、课程的目标、课程的内容、课程的实施和评价，都要遵循儿童的成长规律和认知经验。我们要俯下身去倾听儿童的声音，为儿童提供个性化表达的自由空间，引导、激发、鼓励儿童参与到课程建设中去。我们要努力做到：从儿童的视角和喜好出发，编写课程内容；从符合儿童生活经验的角度，架构课程体系；建构儿童喜闻乐见的情境问题，吸引儿童主动探究发现；有效促生学习成功感，激发儿童创意创新思路和方法；敞开评价的舞台，让每一颗星都能发光、发亮——扬童心、葆童真、激童趣，让课程充满浓浓的儿童味，课堂才会生长出儿童喜欢的模样。

二、与课本携手

曾几何时，我们自己编写的校本教材在盲目上马的情况下变成了无源之水、纸上谈兵：“天马行空”地编写，不尊重课本，不契合教学大纲，不遵循学生认知水平。有些内容，在学生还不具备相应的基础知识和基本技能的前提下就编写进来，学生自学学不懂，上课听不懂，听懂了也不会做，做对了也无应用之处。长此以往，学生体会到的只是“数学好难”的距离感，久而久之，丧失了学习热情和信心。还有一部分课程开发为吸引眼球、标新立异，把课本搁置一旁，另起炉灶，对教学内容重新创编，从例题到习题彻底大换血，系统性的缺失、逻辑性的混乱，再加上编者意图和教师理念的脱离，导致实际效果不尽如人意，收不到预期的效果。成功的课程开发，会充分尊重学生的认知水平、知识结构与成长背景等方面的多元性，根据学生的学习兴趣和爱好，提供丰富的课程资源，给予学生充分的选择机会，使得学习内容呈现个性化、定制化的特征，以适合学生的知识结构和潜能发展。故此，校本教材的开发不能过度，更不能完全脱离课本。如果完全忽略课本本身的存在意义和学生本初的认知水平，这样的教学必然经不住推敲，对学生的发展更是无益。

如何能让学生体会“学习有用”，用习得的“热腾腾”的知识打开更宽阔的生活空间？校本教材的开发要以加强校本课程和国家课程的密切联系为宗旨，建立在充分尊重课本、认真研读课本、把握课本尺度的基础上，让数学类校本教材的编写成为有源之活水。紧紧围绕课本内容和学生原有的认知水平，编写“同呼吸、共节奏”的校本课程内容，在相应的课本进度基础上，建构趣味故事、创设问题情境、提出驱动问题、激发探究热情、解决生活问题。让“学习”这件事“有用”“可用”“能用”，让每一个儿童感受到国家课程和校本课程具有密不可分的一体性，是每个校本课程开发者应深思的问题。

三、倡导自主发展

曾几何时，我们的校本教材在陈旧观念的因循里变成了“刷题题库”“新瓶老酒”。在因循了多年的旧观念里，数学校本教材只关注基础知识的夯实、解题技能的提升，是学生手里的又一本刷题题库。教学校本课程有的只是陈旧的教学环节、填鸭式的教学设计、按部就班的教学流程，既没有体现“校本”，也没有创意课程，新瓶装的还是老酒；又或者，只追逐形式的创新，教学理念没有同步更新，就如同带着陈旧的镣铐永远跳不出轻盈灵动的舞蹈。明明是举骨干教师团队之力精心编写的校本教材，却走不近学生，或被冷落在了书桌的一角，或成为迎接各种验收的所谓“成果”。在这种教育思想熏染下的儿童，自然也无法实现自主学习、自主管理、自主生长。

而好的教育，是让学生学会自主学习。任何教育发展到最后都是自主教育，任何学习的过程从本质上讲都是自主学习的过程。当前教育界提倡的深度学习，本质上讲就是自主学习的呈现形式。好的教育，关键在于激发学习者主动去学习的内在志愿和动机，并能够将之付诸实施。只有在不断的学习和实践中，才能逐渐找到适合自己的学习方法，达到自我管理、自我计划、自我调节、自我激励。我们希望为儿童搭建“和谐”“思辨”“求真”“活力”“创新”的自主课堂，师生携手，共创共建学习共同体。

综上，请将儿童放在课堂最中央，设计出以儿童为第一角色的课程。在这样的校本课程里，有浓浓的儿童的味道，与课本紧密相关，为促进学生自主发展构建所有的空间与条件。基于这样的校本课程，开发一套校本教材，是所有一线教师教育的初心、目标，也是每一位教育者肩头神圣而艰巨的使命。

设计篇——

开　　发

第四章　概念:一场魔幻奇妙问题情境引发的自主探究

“魔法数学”就在这样丰厚的土壤和深刻的思考中诞生了。

“魔法数学”是依托建构主义教学模式而产生的一种教学模式,指学生在一个魔幻奇妙的情境问题中,在驱动型问题的刺激下产生学习需要,通过镶嵌式教学以及学习共同体中成员间的互动、交流(即合作学习),凭借自己的主动学习、生成学习,亲身体验从识别目标到提出并达到目的的全过程。由于学生是通过人际协作活动而实现意义建构过程,因此依据建构主义学习理论将“情境”“协作”“会话”“意义建构”作为“魔法数学”学习环境中的四大要素,引领学生搭建“脚手架”(魔法数学情境)、围绕“锚”(数学驱动问题)来组织教学,鼓励学生自主探究、合作学习、自主展示,在一气呵成的整个魔法氛围中,发展数学思维、培养数学思想、训练数学技能,从而涵养数学素养,实现在数学领域中的自主发展。

一、情境

学习环境中的情境必须有利于学生对所学内容的意义建构,这就对教学设计提出了新的要求。也就是说,在建构主义学习环境下,教学设计不仅要考虑教学目标分析,还要考虑有利于学生建构意义的情境创设问题,并把情境创设看作教学设计的最重要内容之一。

在“魔法数学”校本课程中,教师努力建构的是包裹着驱动性问题的魔幻奇妙的情境。许多儿童认为“食之无味”又“弃之可惜”的枯燥数学,被加入了多变性和趣味性兼具的“数学魔法”，更容易被接受、认可和喜爱。“魔法数学”校本课程力求创设新颖甚至奇幻的数学魔法问题情境，把学生引入一个变化无穷的奇趣世界，使学生在猜想中感悟数学、在惊奇中迷恋数学，进而生发出浓厚的数学学习兴趣。这裹着浓浓魔幻情境外衣的驱动性问题，在学生的惊叹连连里缓缓展开，身临其境的兴奋感激发学生一探究竟的欲望。这种情境创设，让探究因“魔法”更有趣味，让“魔法”因探究更具意义。

二、协作

协作学习是指组织学生通过小组或团队的形式组建学习共同体进行学习的一种学习方式。小组成员的协同工作是实现学习共同体目标的有机组成部分。学习共同体中的个体可以将其在学习过程中探索、发现的信息和学习材料，与小组中的其他成员共享或与全班同学进行共享。协同合作贯穿学习过程，对学习资料的收集、整理与分析、假设或猜想的提出与验证、学习成果的展示讨论和评价，甚至认知体系的最终建构，都起到非常重要的作用。

在“魔法数学”校本课程中，协作学习是“探究魔法”环节的重要形式。在协作学习中教师智慧搭建“形模”与“学模”。首先是“形模”，教师把小组按“最佳模式”分好(即满足“同质异构”“互补性”“共促性”等原则)，创建小组的管理方案及文化，等等。其次是“学模”，教师把学习的形式分为“独学”“对学”“群学”“展学”，并对每一种学习形式给以定义，在不同的学习任务面前做适度的选择和调整，确保不同“学模”的恰切实施与落地。最后，由教师对协作学习课堂进行统一管理操作，形式带动内容的教学策略才能确保收到良好的实际效果。

此外，按照“金字塔”学习成果分析，主动学习可以使学习效率提高到90％以上，而协作学习就是一种主动式的学习，所以课堂效率高。从另外一个角度分析，在协作学习过程中师生合作、生生合作，在和谐共生的环境下，学生的进步自然更显著。

三、会话

会话是协作过程中不可缺少的环节。学习小组成员之间必须通过会话商讨制订如何完成规定学习任务的自主学习计划。协作学习的过程也是会话过程，在此过程中，每个学习者的思维成果（智慧）为整个学习群体所共享，会话是达到意义建构的重要手段之一。

在“魔法数学”校本课程中，无论“探究魔法”环节的“一探”“二探”，还是“三探”，每个阶段的学习成果都要在学习群体里交流共享。在这个过程中，教师要注意“慢一步”“让一步”“退一步”，鼓励学生“质疑”“思辨”。“磨刀不误砍柴工”，只有给予学生充分的“会话”的时间和空间，想方设法地为“会话”创设积极条件，才能收获丰硕的果实。

四、意义建构

意义建构是整个学习过程的最终目标，所要建构的意义是指事物的性质、规律以及事物之间的内在联系。在学习过程中帮助学生建构意义，就是要帮助学生对当前学习内容所反映的事物的性质、规律以及该事物与其他事物之间的内在联系达到较深刻的理解。

在“魔法数学”校本课程中，“揭示魔法”和“秀魔法”环节就是在进行意义建构。通过前期的合作研究、思维碰撞，把每个小组的智慧成果在班级里进行交流、展示，是整个魔术中最令人期待的“揭秘”环节。以“魔术揭秘”冠名的意义建构，最大限度地调动了儿童积极性，对魔法背后的本相和知识点进行深挖开掘，逐步建立知识间的内在联系，建立模型；通过“我当小小魔术师”，自己动手“秀魔法”，对“魔法”进行实操，达到更深刻理解魔法背后本质的目的。

数学魔法不是异想天开的神话故事，不是虚幻缥缈的天方夜谭，而是用逻辑推理演绎的玄妙乐章。学生探究数学魔法蕴藏的奥秘，将未知的玄妙转化为已知的原理，能够训练和发展数学转化思维；学生遵循一定的逻辑，有条不紊地分析和解决数学魔法问题，能够锻炼和提升数学逻辑思维；学生归纳总结数学魔法中的数学原理，能够培养和完善数学归纳思维；学生基于已有数学魔法，设计新的数学魔法，能够激活和优化数学发散思维；如此等等。简言之，“魔法数学”就是学生拨开数学神秘面纱、求索数学内在奥秘的过程，是一场魔幻奇妙问题情境引发的自主合作探究。

第五章　目标:培养自主发展的数学儿童

自主发展能力是指一个人不靠外力推动而靠内在自觉促进自身发展的能力,它不仅能为人的发展提供动力,而且能让人自我超越、自我实现,“活出自己”,为生命找到意义。教育最重要的价值就是“煽风点火”,点燃学生的生命之火,让学生从内心深处获得勇往直前的不竭动力,让生命之火持续动能地熊熊燃烧,不用扬鞭自奋蹄,使学生在自我计划、自我管理、自我激励、自我反思的路途上不断超越自我,点燃他人。

学生的自主发展能力如何提升?这是一个不同层面的教育者都需要深思的问题。教师在教学中注重学生的自主学习,这不仅有助于学生自主探究、自我计划和自我管理能力的提升,更有助于学生学习效率和成绩的显性提升。近十年来,学习科学的不少实证研究揭示了自主性生成于学习动机、成就于高阶能力、显示于学业成绩。学校处于上承国家教育政策、下启教师教学行为的位置,不仅应在目标设定和评价方案中回应学生自主发展的呼唤,还应在构建教学模式和教师专业发展上赋权和赋能,更重要的是,应努力在课程开发和体系建构中为学生自主性发展提供充分空间和可能。

培养学生的自主发展能力,要关注以下几点。

第一,切实把学生的自主发展能力作为培养目标,而不仅仅是达成目标的手段。我们往往只把自主发展能力作为“手段”看待,认为其价值在于促进“培养目标”的实现。例如:学生只有自主发展而不是被动发展才能实现自己的全面发展、个性发展、可持续发展等目标。的确,自主发展能力是一种原发性能力，能引发牵动其他多种能力的发展。但是我们不能因此就把自主发展能力仅作为手段看待，实际上，自主发展能力本身就是教育目标、培养目标的重要组成部分。在工具意义上，它能使人有效应对信息化、大数据时代不可预知的种种挑战；在价值意义上，它为人生提供不竭动力与存在的价值意义。因此，我们要把自主发展能力作为教育目标中的优先性选项和基础性选项，并采用多种方式培育学生的自信自强、自知自明、自尊自控等多种自主发展能力。

第二，通过满足学生兴趣爱好给学生带来内驱性的学习力，促进学生自主发展能力的提升。题海战术、死记硬背、严苛管理，让学生“被学习”“被成长”“被发展”，学生在这种被动状态下没有自主发展的时间与空间，兴趣感丧失换来的代价是内驱力为零。而没有内驱力的牵引，儿童自主发展能力的培养当然无从谈起。兴趣是最好的老师，无论是儿童还是较之于儿童更具自我管理能力的成人，都会在自己真正感兴趣的事情上废寝忘食，入无我之境。而在这种境界里，发自内心的具有强大驱动力的自主发展能力才会得以发展。所以，我们要尊重和培养学生的兴趣爱好，给学生兴趣爱好的满足留出足够自由和舒适的时间与空间。让学生做感兴趣的事情，是促进学生自主发展能力培养的起点，是学生走入学习宫殿的门禁卡。

因此，学校要为学生提供可供选择的丰富多彩的课程与活动，以满足学生的个性化需要，并提供多次尝试和体验的机会，让学生找到自己真正的兴趣爱好之所在，真正“认识自己”“发现自己”“找到自己”。教师在教学中努力创设趣味的有吸引力的问题情境以激发学生自主学习，帮学生找到自我和自我的强项，找到学习兴趣点和动力点，培养持久耐挫的自信，这是培养学生自主发展能力的先决条件。

第三，通过树立理想信念给学生带来更为强大的精神动力，探寻学生自主发展的牵引力。理想信念是动力之源，是最强大的行为牵引力。刚烈志士不畏艰难、酷刑、死亡，至死不渝，虽九死而不悔，是理想信念使然。和平年代虽然没有如此悲壮的考验，但是穿越庸常、琐碎、孤独、无奈，依然需要理想信念的力量，需要正确的人生观与价值观的指引。我们在课程开发之初，就要深种这种意识，努力发挥课程教学“主渠道”作用，将价值引导、知识传授和能力培养有机融为一体，以理想信念为引领，努力培养出有远大蓝图构想、有强大精神动力、不断自我激励和自我成就的新时代儿童。

“魔法数学”校本课程的建构团队深知人的自由发展、自主成长都需要空间。有自己的空间，学生才有可能学会自我规划、自主学习、自我管理和自主创新，实现“和谐”“思辨”“求真”“活力”“创新”的自主课堂，师生携手打造共享共长的学习共同体。我们将“培养自主发展的数学儿童”作为课程实践的目标。鼓励学生自主开发课程内容，进行主题式实践与研究，促进学生独立思考，提升自我规划能力；引导和鼓励学生自主抱团成立探究小组，在主动分享合作中提升自主管理能力和学习自控力；提供空间让学生自主创编魔法秀主题，在自主实践的摸爬滚打中磨炼意志，让学有余力的学生在数学领域实现自主发展。

一、自主开发课程内容

通过鼓励儿童和教师一同参与开发“魔法数学”课程内容、自主创编课程内容，从而实现儿童在数学领域的自主发展，是“魔法数学”校本课程的一大特色。

众所周知，儿童拥有成人无法比拟的想象力和创造力。我们努力摆脱课程内容“老师满堂灌学生被动听”“教师教什么学生学什么”的旧习，把发现和学习的自主权交给学生。我们鼓励儿童用数学的眼光悉心观察世界，发现问题、提出问题，寻找和提炼生活中感兴趣的、适合作为“魔法数学”课程内容的素材，对自己所收集的素材进行分析、提炼和设计。“我的课程我开发”，这种自主学习的成功体验更能激发学生的研究欲望和探究兴趣，为自主发展开辟一片肥沃的生长智慧的土壤。

纸，对学生来说再熟悉不过了。一张普普通通的A4纸里究竟蕴含着什么魔法谜题？在一次题为“纸的魔法”的海选魔法主题活动中，简简单单一个“纸”字在学生中引发了一场“头脑风暴”。首先，“一张纸最多能折几次”在孩子们中产生巨大的共鸣，得票遥遥领先。紧接着，一石激起千层浪：“莫比乌斯纸环”“一张A4纸的承重”“方格纸中的数学”……各年级学生纷纷自荐他们感兴趣的主题，一系列关于的纸的魔法主题呼之欲出。应孩子们所愿，我们将这一系列主题编排为六大板块之“空间魔法”。

以“纸的魔法”主题中的“一张A4纸的承重”为例。在自己开发创编的课程面前，小魔法师们自主学习的情绪分外高涨。小魔法师们手执“魔法棒”，带领同学们一起投身于纸的魔法世界：在“不可思议的纸桥”板块里创编魔法情境，欣赏纸桥案例，猜想承重原理、设计方案并对可能发生的问题做出预判；在“团队力量大”板块根据魔法问题引导小组整合资源、合作实践，反复尝试；在“我是造桥师傅”板块中全班展示，揭秘原理，碰撞思想。在一次次实验失败、反思，再失败再反思的过程中，力学、建筑学的知识潜移默化地在学生心里生根，凝聚力、团队精神在学生心里发芽。环顾整节课，从课程内容开发到驾驭，学生真正成为研究的主人，拥有更广阔的成长空间。

在两个校本板块“传统游戏”和“数学家族”中，学生自主创编课程内容愈显精彩。这两个板块由向青年路小学教育集团6000名学生进行的问卷调查中诞生。“你想在魔法数学课程中学到什么？”原始朴素却给予最大主动权的问题一经发出，回信就如雪花般飞来。“数独、24点、魔方、九连环、幻方、华容道、高斯求和、数学黑洞、斐波那契数列……”“华罗庚、陈景润、牛顿、苏步青、阿基米德、祖冲之、高斯……”一个个熟悉的名字，一个个动人的故事，都是数学皇冠上闪亮的钻石。无论是伟大数学家的故事、经典的数学谜题，还是传统的中国游戏，无不吸引着儿童的眼球，激发了儿童对世界浓浓的探究欲和求知欲，课程内外写满了儿童涂鸦数学世界的一切可能。

课程板块确立之后，接下来的任务就是课程内容的开发了。我们鼓励儿童自主开发课程内容，绝不是简单地让学生创意一个金点子。我们将学生自主开发课程内容提到新的高度，提出细致要求和严格标准，要求学生开发的课程内容具备“较强的可实施性”“深度的参与度”和“广泛的受众性”。激发学生自主成立研究小组：搜集主题，丰富资料，撰写项目开发文案，阐述开发理由，搭建课程内容框架和分析实施可能性。让学生把自主开发课程内容当作一个项目去做，做精、做深、做透。学生的项目书写成之后，便是集体“投标”和“竞标”环节。参与“竞标”的同学们自做ppt，以“一席”为题上台演讲。台上竞争，台下就是慕名而来的伙伴们。所有演讲结束后，伙伴们进行投票选举，选出本学期最期待看到的课程内容。最终得票数最高的同学获得课程内容入选资格，所竞选的内容成为校本教材中的一课。下面，就是一位五年级同学的投标文章。

绳子有多长，你能跳最多？

同学们，你知道吗？跳绳，被科学家研究发现是锻炼身体各部分最简单有效的运动。它强度不高，却可以改善心肺功能，提高免疫力，预防“三高”。它消耗大量热量、燃烧脂肪、训练弹跳力和平衡力，是有氧运动的绝佳选择。

对于跳绳，我们再熟悉不过了。聪明敏捷的我们，从一年级就开始学习跳小绳。通过这么多年的练习，同学们的成绩真可谓是突飞猛进。许多同学不但在各种各样的跳绳比赛中取得了令人惊喜的成绩、刷新自己保持的纪录，更甚至不少同学（特别是小胖墩同学）爱上了跳绳这样一个对运动环境、运动装备、运动天气都零要求却效果很好的运动。别说是你啦，世界跳绳比赛至今已经举办20多年了，每年都吸引全世界的优秀选手参加，而跳绳吉尼斯世界纪录也经常被刷新，跳绳的数量和花样不断翻新。可你知道吗，这跳绳的长度里还藏着奥秘呢！多长的跳绳，换句话说，与你的身高比例是多少的跳绳，才能在跳绳比赛中助你一臂之力，让你跳得最多呢？

我们这次选取的课题就是——“绳子有多长，你能跳最多？”为此，我们走访调查了200人，其中有男性和女性，有小孩、成人，当然还包括老人。我们得出了令人惊喜的发现！你想知道绳长和身高之间的“魔法”吗？请来参与我们的研究吧！

……

“自己的课程自己编写”，还有什么样的课程是比这更高端的“私人订制”呢？学生在自主创编课程内容的整个过程中，在自主探究欲望的引领下，变“要我学”为“我要学”，从“我要学”到“我带大家学”。“三步走”的升级跨越，充分体现了儿童在课程中的主体地位和学习能动性，孕育了自主创新发展的土壤，实现个体内部思维发展的诉求，实现了学生在数学领域中的自主发展。

二、自主抱团成立探究小组

罗杰斯说，自由度愈高的学习，身心投入程度就愈高。

传统教学传道授业解惑的课堂教学模式，已远远不能适应新时代的需要。“自主、合作、探究”是我国新一轮基础教育课程改革提出的核心学习理念，为我国中小学课堂教学新征程指明了方向和道路。作为教师，要处理好教与学、合作与独立、主导与主体的关系；要把开放的课堂还给学生，把发言的权利还给学生，使学生真正成为课堂的主人；更要落实“自主、合作、探究”的精神实质，不仅要改变教学方法，更要从根本上改变学生在课堂上被动、单一的学习方式，大力提倡自主、实践、探索、合作等多样化的学习模式。（图4）

在“魔法数学”内容丰富多彩的数学主题实践活动中，颇具特色的举措

图 4　小组合作学习

就是学生自主抱团成立学习共同体(即探究小组),进行自主合作探究学习。自主抱团合作探究的学习方式,正是在综合性较强的数学学习任务面前,充分践行"自主、合作、探究"的精神实质,最大限度地培养学生对自身的学习任务进行自主计划、自主统筹的能力与合作意识、团队精神。我们鼓励学生在个人充分钻研和思考的基础上,以自主"组建"或"加入"的方式积极参与讨论其他学习活动,学会协作和分享。在"魔法数学"中,我们美其名曰——组建"魔法小分队"。

以新冠肺炎疫情期间"停课不停学、停课不停教"中《莫比乌斯带》一课为例,因为疫情的原因,同学们的课堂从校园转至家中的书桌和电脑前。学校因地制宜地开展丰富多彩的各项探究学习:"有效识字",阅读国内外经典;"练字养心",提高书写能力;"小课题研究",学科综合实践活动、跨学科活动;"疫情小讲台",畅谈心中的家国天下……而由同学们自主开发的《莫比乌斯带》一课一经推出就受到了同学们的拍手称赞。面对学生自己感兴趣的数学问题,我们鼓励学生自己抱团探究,在线上成立"魔法小分队"。"魔法小分队"的组建方式如下:

第一步,引导学生自主抱团组成学习小组。首先,所有学生按照其不同特质分为"巧手魔法学员""速算魔法学员""勤思魔法学员"3 个阵营。在充分商讨后,师生一起选出班级"魔法小队长"8～10 名(以 45 人班级为例),作为"魔法小分队"灵魂人物存在。"魔法小队长"和"魔法队员"实行双选制,每一个学生从不同阵营学生中间挑选自己愿意合作的组员，自主抱团。当然，组建也有原则：同组异质，异组同质。除考虑学习成绩外，还要考虑男女同学的搭配、学生的性格以及学生的兴趣和爱好等。学习小组的组建极大地调动了全班同学的积极性，全班形成了一种积极向上、和谐共进的氛围。在各小组的QQ学习群中，同学们经过互相启发，制作的莫比乌斯带照片、小视频、莫比乌斯的前世今生的ppt等充满个性特色的作品遍布整个线上学习空间，学生们可以自主点击任何一个作品，进行反复品读和学习……“外围战”的成功，对课改起到了良好的铺垫和促进作用。自主合作学习小组主导的课堂，提高了课堂效率，让每一个学生都得到了进步、都感受到了学习的快乐。学生面对面的交流、合作，小组之间的竞争，让课堂气氛非常活跃，学生主体意识被唤醒，自我价值得到充分体现。学生在合作中相互帮助，相互促进，和谐发展，共同成长。自主合作学习小组实现了学生主体性的回归，激发了学生的学习动力，这样的课堂是生动的课堂，是精神提升的课堂，是学生成长的课堂！

第二，完善“魔法小分队”组际评价与交流机制。小组间分析与论证、探讨与交流是抱团探究活动结束后的重要一环，这一环工作的扎实有效是保障抱团小组学习效果和持久内驱力的不可或缺的因素。教师要引导学生建立互相信任和团结合作的关系，力争为学生建立既竞争又合作、既自主又共享的良性学习环境，使学生处于主动参与的学习氛围中，提升合作学习的有效性。在小组合作实验探究中，学生秉承实事求是的原则，依据实验记录的数据进行分析与论证；然后以“小先生”的角色，与小组成员讲述分析实验数据、分享论证过程，与其他小组进行互评，点评可能出现的操作不当或不科学的地方；通过小组间的评价交流，集体得出科学的实验结论。在这种良好的学习氛围中，学生分享成功的喜悦，培养科学严谨的态度，形成科学的学习方法。当然，与此同时，教师的评价要及时跟进，要充分关注评价的过程性，精心设计学生自评和小组互评，以保证对每一位学生做出客观、全面的评价。

合作学习，不仅仅是有共同语言、共同思维方式或已经达成共同认知的群体之间的交流，更重要的是在交流不同思想和看法的过程中碰撞出新的火花。学生面对自己开发出的数学主题学习活动，自主选择自己喜欢的学习伙伴，自主构划学习活动，自主评价小组学习成果和成员表现，深度促进了合作学习的高效率。在整个过程中,充分的自主性使得学习的内驱力呈几何倍数增长,为实现自主发展添砖加瓦。

三、自主撰写主题研究报告

自主撰写主题研究报告,是“魔法数学”继自主抱团成立探究小组之外积极培养学生自主发展的另一举措。

开展主题实践学习是新课程改革的重要内容,它重在课堂内外互联、学科之间互联。学习与生活打通,凸显学习过程,激发创造潜能,是培养学生实践能力的有效途径,是形成“自主、合作、探究”学习方式的重要途径。在主题实践活动之后,我们鼓励学生尝试自主撰写主题研究报告,学习收集资料并对资料进行分类筛选,进而形成自己的观点,并用有理有据的文字对自己的研究进行阐述。在学习中学会表达,在表达中学会学习,加深对整个研究过程和研究成果的认知。在这一过程中,学生在实践活动中形成敏锐的观察力、思考力、表达力,在写作表达中形成理性的逻辑意识、全局意识、反思意识,在利用“举例、说明、推断、引用”等技巧形成研究报告的过程中,树立科学的观点和严谨的学术态度。而“一两人主笔,其他人收集整理数据,全体提供修改意见”的主题研究报告撰写的“抱团创作”模式,也让每一个成员感受到团队的意义和巨大价值,涵养了积极的团队意识和共情共进的情感。

小魔豆的小巧手——疫情分析

每天跳动的数据与我们的数学知识有什么联系?如何从数学的视角进行对比分析并得出结论?疫情当前,青年路小学的小魔豆们从书本出发,自主探究、研读质疑、实践整合、跨界琢磨,发现疫情大数据里藏着的数学知识!

我们通过广播、电视、网络等多种途径,从官方公布的数据中收集整理各地疫情数据、防控措施以及物资生产调配等信息,然后从统计与概率、方程等角度,研究数据背后的含义,运用所学知识创编数学习题。我们把碎片化的数据信息进行整理与汇总,帮大家快速掌握第一手疫情资料;我们收集数据、整理数据、分析疫情、预测疫情,用自己的一双小手,与数据和图形一起,一路渐渐明晰着成长着;我们做数字表格,知晓疫情的严重性,准确无误;我们用条形统计图,分析数据的增减,清晰直观;我们画扇形统计图,明确疫情在全国全省的分布，了然全盘；我们绘折线统计图，分析确诊、疑似、死亡病例的下降趋势，更好地进行对比分析，点燃希望……

一支笔，一张 A4 纸。我们手绘疫情资料，点燃数据背后的希望。从担忧、揪心到欣慰、希望，感受数学在生活中的运用价值，家国一体、休戚与共，众志成城、共同战“疫”，我们一起努力！（图 5）

图 5　用各种统计图分析疫情大数据

小魔豆的小巧手——如何在家配比合适的消毒液

同学们，你知道 84 的由来吗？那是 1984 年北京第一传染病医院（地坛医院的前身）成功研制出的一款能迅速杀灭各类肝炎病毒的消毒液。84 消毒液的主要成分为次氯酸钠，有效氯含量 5.5%，是一种高效消毒剂，具有刺激性气味和腐蚀性、挥发性，一般不用于皮肤表面消毒。如果不小心把 84 消毒液溅到衣服上，甚至会损坏衣物。当然了，我们在家中消毒，也不宜直接用未经稀释的 84 消毒原液。

正确使用 84 消毒液，首先是浓度要适宜。我们买回来的 84 消毒液都是浓溶液，需要用水稀释。84 消毒液瓶身一般会标注稀释比例，如 1∶100。说来容易做着难，1 份原液是多少？100 份水又是多少？以普通包装为例，一瓶盖原液 6 毫升，代表 1 份原液是 6 毫升，那么也需要相应的 100 份的水，也就是需要 6×100 即 600 毫升水，1 瓶 550 毫升装矿泉水，加满时差不多就是 600 毫升。这样一瓶盖原液和 1 整瓶水混合在一起，差不多就是浓度为 1∶100 的消毒液。现在我已经戴上了防护手套，我来演示给大家看……

最后要提醒大家的是，84 消毒液和洁厕灵千万不可同时使用哦！（图 6）

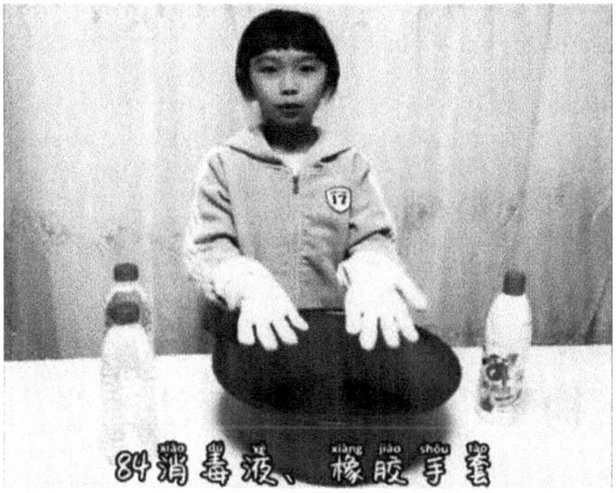

图 6　五年级学生自录小视频分享成果

只有写才会写，也只有写才会让做变得印象深刻。秉承以发展“学生核心素养”为重的新课改教学理念，我们在综合实践活动中指导学生积极实践并撰写主题调查报告，培养学生强劲的学习力和科学的探究精神，这对学生一生的成长都是有益的。活动前制订计划，搭建调查报告的框架；活动中分组实践，收集数据，形成报告；活动后深入反思，明确观点，完善报告；成果期全班展示，交流碰撞，推广报告……看到自己的研究成果在班级群里得到家长同学的点赞、在公众号或推送中进行展现，小魔豆们无不欢欣雀跃，更在班级里形成你追我赶、模仿与超越的良好学习氛围。在师生凝心聚力的努力下，“魔法数学”的主题研究报告撰写活动，收到来自家长、学校、社会的积极反响。

第六章　构建:拓展建立“魔法数学”六大领域

《义务教育数学课程标准》中指出，在各学段中，安排了四个部分的课程内容:“数与代数”“图形与几何”“统计与概率”“综合与实践”。“综合与实践”内容设置的目的在于培养学生综合运用有关的知识与方法解决实际问题，培养学生的问题意识、应用意识和创新意识，积累学生的活动经验，提高学生解决现实问题的能力。四大领域的科学设置，全方位立体化地发展学生的数感、符号意识、空间观念、几何直观、数据分析观念、运算能力、推理能力和模型思想、应用意识和创新意识，适应了新时代发展对人才培养的需要。

“魔法数学”在课程构建之初，就将与“课本紧密相连”作为课程内容开发的宗旨之一。“魔法数学”旨在运用独特的视角来设计数学教学活动，所选择的课程内容既要蕴含数学智慧、体现魔法乐趣，更要构建具有序列化的课程体系。因此，搭建一个什么样的课程构架成了课程内容开发的首要问题。《义务教育数学课程标准》指出:综合实践是一类以问题为载体，以学生自主参与为主的学习活动。在综合实践活动课的学习中，学生可以更好地运用“数与代数”“图形与几何”“统计与概率”等领域的数学知识来解决生活实际问题。综合实践活动课是一种以体验生活、积累经验、应用知识、解决问题为主要任务的学习活动，能够将抽象的数学问题具体化，是对学生动手操作能力、观察能力、空间想象能力、鉴赏与创新能力的综合训练。因此，我们依据苏教版小学数学课本，从 12 册数学课本中提取共计 24 节综合实践

课程作为“魔法数学”校本课程内容的重要组成部分，在课本的基础上融入“魔法”的元素，使之焕然一新。（表1）

表1　苏教版数学课本12册综合实践课内容

年级	综合实践（上册）		综合实践（下册）	
一年级	有趣的拼搭	丰收的果园	我们认识的数	小小商店
二年级	有趣的七巧板	我们身体上的“尺”	测定方向	了解你的好朋友
三年级	周长是多少	多彩的“分数条”	算“24点”	上学时间
四年级	运动与身体变化	怎样滚得远	一亿有多大	数字与信息
五年级	校园绿地面积	班级联欢会	蒜叶的生长	球的反弹高度
六年级	树叶中的比	互联网的普及	大树有多高	绘制平面图

除从课本中挖掘适用于校本课程的内容以外，我们从学生的兴趣及发展需要出发，以培育学生自主发展能力为目标，加入更丰富开放的数学学习的主题与素材，创造性地开发出六大板块。六大板块课程内容紧密围绕《义务教育数学课程标准》来制定，同时兼备青小校本特色：巧思魔算，对应“数与代数”领域；空间魔法，对应“图形与几何”领域；数学应用，对应“统计与概率”领域；生活魔法，对应“综合与实践”领域。与此同时，我们广泛尊重孩子们的意愿，根据对6000名学生的问卷调查，拓展了具有青小校本特色的两大内容领域“传统游戏领域”和“数学家族领域”。这种专业性和校本特色兼备的课程内容设置，在提升学生数学素养、促进学生自主发展方面收到良好的效果。（图7）

一、巧思魔算，对应“数与代数”领域

“数与代数”的主要内容有：数的认识，数的表示，数的大小，数的运算，数量的估计；字母表示数，代数式及其运算；方程、方程组、不等式、函数等。小学阶段“数与代数”教学内容主要包括：整数、分数、小数和百分数以及有关的运算；常见的量，数和运算的意义，数的基本运算；简单的数量关系的探索；负数和方程的了解；借助计算器进行复杂计算和解决数学问题；等等。安排这些教学内容的主要目标是：首先，让学生感受数学与生活的联系，体会学习数学的实际意义；其次，通过整数、分数等运算，以及求解简易的方程

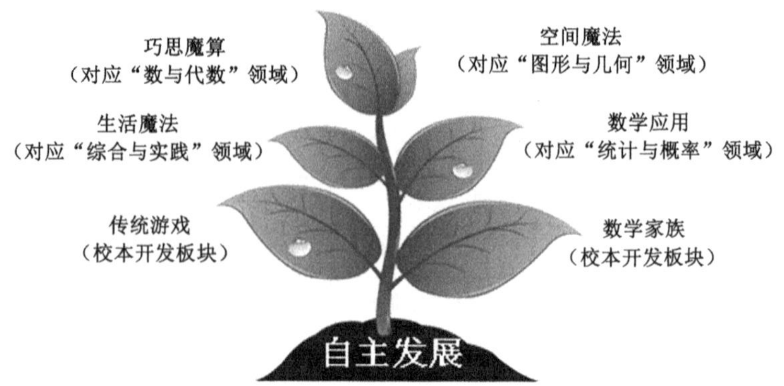

图 7 “魔法数学”六大领域图谱

来培养学生养成思考的条理性，思维的逻辑性；再次，通过对现实世界中的数量关系及规律的摸索，培养学生的创新精神和思维能力；最后，通过“正数与负数、精确与近似、已知与未知”等内容的学习来培养学生辩证认识世界的数，从而更好地解决现实世界中的问题。“数与代数”是小学数学最基本的内容之一，是数学教学乃至发展的基础。学好“数与代数”领域的内容，对发展学生的思维能力，提高其解决问题策略有着十分重要的意义。

“魔法数学”的“巧思魔算”板块即对应《义务教育数学课程标准》四大领域中的“数与代数”领域。它从课本“数与代数”领域的知识点生发开来，引发学生对于“数与代数”知识的拓展研究与思考。“神龟背上的图案奥秘”“图形数字谜”“巧算两位数乘两位数的魔法”“走马灯数”“整数裂项之谜”“勾股定理”……这些适用于不同年级的不同课程内容，皆与课本进度紧密相连，既来自于课本，又在课本的基础上拓展、延伸开来。这些课程内容虽然不同，但是相同的是都伴随着“青青”“年年”“路路”三个魔法卡通人物在数字王国里的游历探究。他们观赏魔法、探究魔法、创编魔法，了解数字与数字之间的奥秘，发掘数量关系之间别有洞天的神奇世界。这样的课程内容和学习方式的设置，一改孩子们一提起“数”就想到令人头大的计算、一提起“关系”就想起令人头疼的解题方法等刻板印象，有效解决了随着年级越来越高学生对“数与代数”领域的知识倍感枯燥甚至望而却步的困局，让单调的“数与数量关系”背后的深奥原理变得可亲、可近、易解、能用。

巧算两位数乘两位数的魔法(课堂实录节选)

一、介绍世界著名数学魔法师

师:同学们,你们看过魔术表演吗?嗯,神奇的魔术师会让人觉得他们拥有超乎自然的神秘力量。而有一种魔法师,数学魔法师,加减乘除在他的脑子里闪电般地运算,几乎比用计算器还快。别说什么神秘力量了,简直就是不可思议的天才!

师:这节课的开始,就让我们先认识一位震惊世界的数学魔法师——亚瑟·本杰明。

师(出示 ppt):亚瑟·本杰明,大学数学博士学位,美国加州哈威穆德学院数学教授。本杰明是一位专业的魔术大师,经常在好莱坞著名的"魔法城堡"进行魔术表演,并在世界各地向观众表演他的数学才能,被著名杂志《读者文摘》誉为"美国最佳数字能手"。同学们,想不想领略一下亚瑟令人叹为观止的魔法数学表演?——请看大屏幕。

视频播放亚瑟·本杰明现场数学魔术表演。

二、观赏魔法

师:本杰明教授的魔法数学精不精彩?嗯,今天刘老师也要为大家带来魔法数学的表演,掌声在哪里?

师:我们上周刚刚学习了两位数乘两位数的笔算乘法,学会了用列竖式的方法来求两位数乘两位数的积。大家学得很有热情,作业也做得认认真真。这竖式好是好啊,可在你心里是不是总觉得还有点美中不足的地方?

生:竖式太复杂、容易错。

生:期待能和数学魔法师本杰明一样妙算!

师:看来是英雄,哦不,是"懒汉"所见略同啊!那好嘞,我宣布魔法数学大师刘老师,现在不列竖式,妙算结果!

师现场表演两位数乘法妙算。

34×11　25×25　846×11　83×87

78×78　98×89　11×85　22×23

师妙算,一生在旁用计算器验证。

三、引出课题

师激趣:掌声送给大数学魔法师刘老师!你想知道这魔法背后的奥秘吗?你想不想自己也学会这种魔法?今天,我们就一起来探究两位数乘两位数背后的魔法奥秘！

板书课题：两位数乘两位数的魔法。

如上，冠之以“巧”“魔”的字眼，原本凝重和繁杂的“思”与“算”都变得更具吸引力，更加轻松。远有“大魔法师”的精彩绝伦，近有数学老师的精彩表演，在眼前生动形象的“魔法”刺激下，学生们摩拳擦掌跃跃欲试。“巧思魔算”带给以“小魔豆”自居的儿童们在数学学习活动中更多的乐趣和难以取代的成就感。

二、空间魔法，对应“图形与几何”领域

“图形与几何”是小学数学学习领域中不可缺少的重要组成部分，主要研究现实世界中的物体、几何体和平面图形的形状、大小、位置关系及其变换，它是人们更好地认识和描述生活空间并进行交流的重要工具。“图形与几何”的主要内容有：空间和平面基本图形的认识，图形的性质、分类和度量；图形的平移、旋转、轴对称、相似和投影；平面图形基本性质的证明；运用坐标描述图形的位置和运动。“图形与几何”在培养学生的抽象思维和空间观念、发展学生的推理能力和几何直觉等方面发挥着重要作用。

“魔法数学”的“空间魔法”板块，对应数学四大领域中的“图形与几何”。它立足根本，又发散开来。从“图形与几何”领域知识点生发开来，让一维、二维、三维图形在一个“魔”字里下足功夫。“一笔画的魔法”“‘消失’的小正方块”“神奇的莫比乌斯带”“一条有魔力的线”“一张纸能折多少次”“一张 A4 纸的承重”“打碎的玻璃”……有的是学了就能快速提高解题技巧的“巧设辅助线解题”，有的是与生活息息相关的“纸的魔法”，有的是看似简单实则奥妙无穷的“一笔画魔法”……真可谓古今中外皆成趣，点线面体都涵盖。课程以一个“魔”字为引领，全方位立体化地培养学生在图形几何领域的观察、操作、想象、推理和表达能力。与此同时，良好的几何知识素养又促进了几何直观的生长，使得复杂的数学问题变得简明、形象。丰富多变的形体，就这样插上“魔法”的翅膀，在无穷尽的几何空间里与儿童的想象力齐飞。

《神奇的莫比乌斯带》课堂实录

一、故事引入魔法探究主题

1. ppt 播放动画故事。

从前有个小偷偷了穷人家的东西被发现了，小偷恶人先告状，到县官那里告状。他买通了县官，在纸上一面写“放掉小偷”，另一面写“关押农民”。小偷原本以为农民怎么样都难保了，聪明的捕快却将纸条悄悄地变了个模样，当着县官和所有百姓的面放走了农民，关押了小偷。你想知道这神奇的纸圈里藏着什么秘密吗？

2. 师：这是一个具有什么魔法的圈？它背后有什么奥秘？今天我们就来走进这个神奇的圈。

二、探究纸圈变魔术

1. 师：仔细观察，这是一张什么形状的纸条？它有几个面？

2. 师：你能把它变成两个面吗？

学生感到新奇，操作。教师巡视，然后指名演示并说说是如何想和做的。

3. 师：你能想办法把它再变成一条边一个面吗？

学生自由尝试。

（问题特别有挑战性，可能有的学生能做出来，就让这个学生演示；如果都没有做出来，教师演示）

4. 师：强调一端不变，另一端拧 180 度，两端对接粘贴。（板书“拧”和“粘”）

学生照样子做一个圈。

5. 师：怎样证明这个纸圈只有一个面呢？

学生独立研究，教师相机引导：用笔在中线位置画线。

研究发现：这个圈只有一个面。

6. 课件演示并讲解。

莫比乌斯带由来（小故事），师板书课题。

师：莫比乌斯带除了只有一条边和一个面以外，它还有更多奇妙的地方呢。大家想知道吗？那今天我们就用“剪”（板书）的办法来研究，好吗？

三、莫比乌斯带变化的魔法

（一）1/2 剪

1. 猜想：如果用剪刀沿中线剪开纸圈，猜一猜会变成什么样子？请学生说一说想法。

2. 学生操作。先画出中线，然后做成莫比乌斯带，再独立剪开（注意剪

刀要从中间进入）

3．交流结果：变成了一个更大的圈。

4．谈体会。

（二）1/3剪

1．先画出三等分线，中间部分涂色，再做成一个莫比乌斯带。

2．如果我们沿着三等分线剪，猜一猜与上次有什么相同与不同呢？要剪几次？

3．操作后交流：剪的时候发现了什么？结果会是怎样的？

（一个大圈套着一个小圈）

4．研究：大圈和小圈都是莫比乌斯带吗？

观察：小圈就是原来长方形纸条的哪一个部分？

（三）自主玩

1．我们刚才将纸条拧180度、粘、剪，变成了神奇的纸圈，就像在变魔术一样。你还能想出其他的玩法吗？

2．4人小组玩。教师巡视，加入。

（这个过程中，有的学生可能用四分之一剪，也可能将纸条一端拧360度等等，无论是成功还是失败，教师都适时给予指导和鼓励。）

过渡语：玩过以后，我们是否会思考：它只是好玩吗？在生活中有什么用处呢？

（四）说用处

生活中哪些地方有莫比乌斯带？

师：你还知道有哪些用处呢？

学校打印机的色带；录音机；过山车；米面加工厂里的机器皮带等。

四、揭秘魔法

师：现在你知道聪明的捕快最终能放掉穷人抓住小偷的原因了吗？

ppt动画演示，学生交流。

五、创造魔法

师：秦少游的回文诗《赏花归去马如飞》，请同学们试着用莫比乌斯带做出来，反复朗读。

“赏花归去马如飞，去马如飞酒力微。酒力微醒时已暮，醒时已暮赏花归。”

生自己做，小组研究如何串联成一首完成的诗，全班表演。

三、数学应用，对应“统计与概率”领域

统计与人们的日常生活和社会生活密切相关。现代社会的公民越来越需要与数据打交道，需要对数据进行收集、整理和分析，并进而做出合理的决策。因此，在小学阶段就要培养学生的统计意识与应用能力。要使学生具有从纷繁复杂的情况中收集并处理数据，做出恰当的选择和判断的能力，就必须将统计的基本思想方法和知识作为义务教育阶段数学课程的重要组成部分。《义务教育数学课程标准》适应时代的需要，把统计与概率作为中小学数学教育的新领域，这是我国数学教育中的大手笔，是与国际数学教学内容接轨的体现，也是数学教学适应新世纪、新生活的一种需要。

《义务教育数学课程标准》中“统计与概率”的主要内容有：收集、整理和描述数据，包括简单抽样、整理调查数据、绘制统计图表等；处理数据，包括计算平均数、中位数、众数、极差、方差等；从数据中提取信息并进行简单的推断；简单随机事件及其发生的概率。

如何树立正确的数据观，提高数据收集、整理、分析、预测能力，培养符合现代化要求的统计观念，掌握与时俱进的统计知识，提升统计能力，已成为时代对于每一位公民的呼唤。回顾我国中小学数学教育发展的历史，统计相关内容的教学设计在课本中几进几出，对“统计与概率”的重视不够是我国初中数学课本与发达国家中学课本的重要差别之一。我国数学课程标准采取循序渐进的方法，从小学阶段开始，就逐步引入“统计与概率”的有关内容，这不能不说是一个大胆的尝试。“统计与概率”内容的改革对促进中小学数学教学内容的现代化、结构的合理化，推动教育技术手段的现代化，改进教师的教学方式和学生的学习方式等，都有积极的意义和作用。

“超市中的魔法”“神秘的税收”“充斥原理”“小小采购员”“魔法小闹钟”……“魔法数学”校本课程在“数学应用”板块精心编写，落地“统计与概率”领域的精神实质。“数学应用”板块将核心目标定位为培养学生的“统计观念”和提高“应用能力”。我们深知这种观念不等同于计算、作图等简单技能，而是一种需要在亲身经历的过程中培养出来的感觉，是一种能自觉地想到运用统计的方法解决有关实际问题的数学素养。我们创造

丰富的大数据生活情境，引领学生在纷繁复杂的问题当中，从统计的角度思考与数据有关的问题；能通过收集数据、描述数据、分析数据的过程做出合理的决策；能对数据的来源、收集和描述数据的方法、由数据得到的结论进行合理的质疑。

四、生活魔法，对应“综合与实践”领域

“综合与实践”是一类以问题为载体、以学生自主参与为主的学习活动。在学习活动中，学生将综合运用“数与代数”“图形与几何”“统计与概率”等领域的知识和方法解决问题。《义务教育数学课程标准》中指出“综合与实践”的教学活动应当保证每学期至少一次，可以在课堂上完成，也可以课内外相结合。我们在“魔法数学”校本课程建构和实践中，对于“综合与实践”领域的内容不断实践与思索，有了自己的一些新思路。

“魔法数学”创设的“生活魔法”板块即对应“综合与实践”领域。“奇妙的图形密铺”“北京五日游”……我们将PBL项目式学习理念渗透进“生活魔法”板块，以求达到双剑合璧的效果，凭借“魔法”的情境，巧妙嵌入条件和问题，引发小魔豆自主设计、自主探究，着力打造充满魔法氛围的项目化研究。在更具广阔空间的项目化研究中，小魔豆们充分施展个性与才华，各展所长，各美其美，将其他领域所学到的知识综合运用，解决问题、提炼反思，充分地浸润式地自主学、合作学、实践学，学习的自主性和创造性得以无限发展，以研究性报告为形式的学习成果也取得令人意外的欣喜。

综合实践课《身体上的“魔”尺》课后日记

今天的课堂上，老师说我们自己就是小小魔法师，我们的身体，手掌手指、双脚双腿、我们的个头和双臂，甚至我们的“摸高”和大声喊出来的声音……就是魔法师手里有“魔力”的尺子！

不信，我们每个人身上都携带着几把尺子！假如你“一拃”的长度为9厘米，量一下你课桌的长为“6拃”，你的课桌长就为54厘米。如果你每走一步长60厘米，只要你在上学的路上数一数就能够算出从家到学校有多远。我们的身高也是一把尺子，如果你的身高是140厘米，那么你抱住一棵大树，两手正好合拢的话，这棵树的一周的长度大约就是140厘米，因为每个人两臂平伸，两手指尖之间的长度和身高大约相等。你的影子也是一把尺子哦，如果你想量树的高度，影子也可以帮助你，你只要量一量树的影子和

自己影子的长度就可以了，因为树的高度＝树影长度×身高÷人影长度。还有，你的脚丫也是一把尺子，脚的大小和人的身高也可以算出来呢，风靡世界的侦探小说《福尔摩斯探案集》里经常有大侦探福尔摩斯根据人的脚印推测出犯罪嫌疑人身高的桥段……最妙的是，我们的声音也是一把尺子！如果出去游玩的时候，想知道距离前面的崖壁有多远，可以请声音帮你量一量。我们的声音每秒能走 331 米，如果你对悬崖喊一声，再看几秒可听到回声，你就可以用(331×回声的时间÷2)算出距离了！

小小魔法师们，学会用你身上这几把“魔”尺，在你的日常生活或不经意间它也会为你提供方便。你要会用你身体的尺哦！

五、传统游戏领域（校本开发板块）

谈到游戏，通常人们的反应就是娱乐。是的，游戏本身就是文娱活动的一种，分为智力游戏和活动性游戏。前者的目的主要是开发智力，后者则是体力活动。智力游戏是一切有利于提高人们智力水平的游戏，包括文字游戏、逻辑游戏、图画游戏等。数学游戏属于智力游戏，是一种运用数学知识的大众化的智力娱乐活动。它寓数学问题于游戏之中，让人们在做游戏的过程中学到数学知识、数学方法和数学思想。

游戏是人的天性。儿童从与环境交流开始，就从游戏中学会了行走，学会了与父母对话，学会了生活技能，学会了交友，学会了表达自己的情绪，学会了解决问题。国内外包罗万象的传统数学益智类游戏，通过学生喜爱的动手活动入门、富有启迪性和逐层深入的进阶氛围，唤起儿童兴趣盎然地再一次追求成功的心理，不仅能激发学生的兴趣和积极性，更能拓展学生思维的深度和广度。它引导学生在游戏升级的过程中，积极思考，灵活应变，提高快速反应力、逻辑分析能力、思维敏捷性和动手操作能力，涵养数学素养。

在人类发展史上，古今中外浩如烟海的智力游戏在一代又一代人中传承，也启迪着一代又一代人的智慧。数学游戏历史源远流长种类繁多，涉及非常广泛的数学分支，如几千年前出现的三阶幻方就可归于数学游戏范畴。之后，我国还出现了“孙子问题”“鸡兔同笼”“九连环”“七巧板”等颇具历史渊源的数学名题或游戏。在数学课堂教学中应用数学游戏，寓教于乐，有助于激发学生对数学的兴趣，提高学生课堂学习的质量。将这种运用数学知识的大众化的智力娱乐活动搬进课堂，是古今中外各个时代的教育者都热衷于尝试的事情。

“魔法数学”的“传统游戏”领域根植于青年路小学10年数学考级的沃土，有着良好的历史积淀和广泛受众。通过向6000名学生进行的调查问卷，把学生感兴趣的这一领域吸纳到“魔法数学”校本课程中来，正是响应了青小学子的广泛期待。“魔法数学”校本课程的“传统游戏”，形虽“传统”，内容却与时俱进，在益智游戏的学习中侧重引导学生体悟符号化、分类、推理、转化等数学思想方法，对古今中外的益智游戏进行别样感悟、深度感悟。这一“知其然，更知其所以然”的新视角学习策略，使得学生对于传统的益智类游戏背后的原理理解得更透彻，游戏技能提升得更迅速。加之青年路小学每年一度的“魔法数学节”竞赛项目，学生在“传统游戏”领域中习得的技能能够能到充分施展，相辅相成的课程设置和课程活动的开展，赋予了“传统游戏”领域生命力绽放的舞台。

六、数学家族领域（校本开发板块）

数学是一切学科的基础，是一种文化，是一种精神产品，是一种在一般层次上难以表现、交流和传播的精神产品。如同莎士比亚笔下所描绘的“树木间的谈话，溪流中的文章，石头中的喻示，以及每件事物中的益处”，数学在很大程度上是人类“心智”的“发明”，需要我们用心去发现、品读与珍藏。数学是人类最高超的智力成就，也是人类心灵最独特的创作。同时，数学又是一门源于且用于人类实践活动的科学，它作为整个科学技术的基础，与科技的发展水平和综合国力的发展水平有着密切的联系。因此，我们需要普及数学和与经典数学相关的一切，用学生们喜闻乐见的形式让越来越多的新一代人变成“数学人”。

古今中外的大数学家几乎一生致力于对真理的探究。阿基米德、牛顿、高斯、刘徽、陈景润、陈省身……那些世界著名的大数学家，他们的思想，他们的成就，他们的困惑，他们划时代的推理或提出的未解谜题，越来越远离现在的人群。数学本身虽然具有丰富的文化内涵，但是在应试化学习氛围日渐浓郁的当代社会，越来越成了考学的工具。在着手创编“魔法数学”校本课程之前，我们心中就一直有一个夙愿：是时候让孩子们好好感受一下数学家族那些璀璨在数学星河中的漫天星辰了。于是，在通过问卷调查征询全校儿童的意见和建议的基础上，我们开发出“数学家族”板块，旨在引领学生通过学习大数学家的故事和世界谜题，激发学生对发现世界、思考世界的欲望，以及对数学学科的探究欲。“高斯求和”“莫比乌斯带”“哥尼斯堡七桥”“斐波那契数列”“数学黑洞”“小欧拉围羊圈”……我们希望能够更多地呈现数学历史上的经典名题，我们希望能通过名垂史册的经典启迪和伟人烛照长空的精神引领，重塑儿童的价值观与人生观，助力儿童树立远大的志愿与理想，为儿童一生的发展助力。

落地篇——

实　施

第七章　策略:课程视角的策略选择

一、“儿童中心”的开发原则

无论是鼓励学生自主开发课程内容,还是在专家指导下进行教师团队研发,“魔法数学”校本课程的开发始终把儿童放在课程的中心,始终遵循以下原则:

(1) 以激发学生学习兴趣为出发点。兴趣是人对客观事物的一种积极的认识,在数学教学中,兴趣是学生学习的强大动力,可以通过多种途径去提高学生的学习兴趣,以激发他们的学习动机。魔法固有的趣味性和多变性,为数学增添了神秘的色彩,也使数学更容易被学生接受、认可和喜爱。“魔法数学”校本课程,力求建构新颖甚至奇幻的数学魔法问题情境,把学生引入一个变化无穷的奇妙世界,使学生在惊奇中迷恋数学,在猜想验证中感悟魔法背后的数学原理,生发出浓厚的数学学习兴趣,获得良好的数学素养的生长。

(2) 以提升学生的数学思想为目标。比知识重要的是方法,比方法重要的是思想。数学思想是数学的灵魂,是数学内容和数学方法的结晶。小学阶段的数学知识尽管只是基础,其中却蕴含了丰富的数学思想。数学思想是无法直接传输给学生的,“魔法数学”课程的设计始终遵循着儿童发展的规律,并在学生学习数学的过程中逐步渗透、因势利导、循序渐进。

(3) 以培养学生的多种思维能力为基础。根据儿童思维发展的特点,其学习数学过程中的思维方式可以分为感知动作思维、具体形象思维、抽象逻辑思维、辩证逻辑思维。这四种思维方式之间并没有明确的界限，而且学生在学习数学的过程中常常是多种思维协同作用的。拨开数学魔法神秘面纱、求索数学魔法内在奥秘的过程，就是多种数学思维训练和发展的过程，学生将在潜移默化中提高思维品质。

(4) 以学生的自主发展为落脚点。数学学习的过程符合学生的认知规律和思维特征，可以让学生在潜移默化中引发思考、激发兴趣、丰富情感、培养学习内驱力和自我管理能力。基于儿童，为儿童持续发展奠基，转变学习方式，提升核心素养，实现学生的自主发展，是“魔法数学”校本课程开发的最高愿景。

二、精心编制的课程内容

1. 适用于低中高三个学段，六大领域均匀覆盖

为达成“魔法数学”的核心目标，结合小学生的认知特点和心理特征，通过鼓励学生自主开发、教师团队研发等一系列方式方法，开发出适用于低中高各学段的“巧思魔算”“空间魔法”“综合实践”“生活应用”“传统游戏”“数学家族”六大领域均匀覆盖的“魔法数学”校本课程主题和内容。(表 2)

课程中“巧思魔算”“空间魔法”“综合实践”“生活应用”“传统游戏”“数学家族”6 个板块均匀覆盖一到六年级，在每周专属的“魔法数学”社团课中进行。每个年级段 20 课时，学完 6 个年级的“魔法数学”全部课程一共需要 120 课时 。课程的选择采用网络抢课、自我推荐、教师推荐三种方式，线上在线抢课，线下多方遴选，形式灵活的三选机制保障了学有兴致、学有余力的孩子进入“魔法数学”的学习中来。

2. 贴近儿童的“卡通学习伙伴”

作为一本专为儿童开发的校本课程，有了含蕴丰富的课程“内容”，就更需要构建生动有趣的“形式”(学习伙伴)作为引领。我们精心为儿童编写的“魔法”教材即是如此。打开每一册《小魔豆陪你学数学》校本教材，首先映入眼帘的是“一老”(老魔法师)“三小”(小魔法师)共四位形态各异、活灵活现的卡通人物。(图 8～图 11)

白胡子院长，举世公认的当代最伟大的数学魔法师。他长着大大的鼻子，留着长长的胡子，独创魔法数学新大陆的六大板块。在难解的数学谜题

表 2 “魔法数学”校本课程各年级主题框架

年级	板块	主题	教学目标
低年级	巧思魔算	“神龟”背上的图案奥秘	知识与技能：在魔法情境中认识数阵图，明确图中的数是按照一定要求排列而成，掌握填数的方法。 过程与方法：教学过程中培养学生的观察能力和数感。 情感态度价值观：在魔法星秀场中激发学生对数学学习的兴趣，唤起对数学的好奇心
		图形数字谜	知识与技能：在魔法情境中了解数字谜的基本特点，学习解决数字谜的基本方法。 过程与方法：培养学生的有序思维，熟练选择好解决此问题的突破口，培养学生的观察能力和数感。 情感态度价值观：培养学生的数学学习兴趣，在正确解答数字谜的过程中树立学习数学的自信心
	空间魔法	“看不见”的小方块	知识与技能目标：在拼搭小方块的过程中探究小方块“消失”的奥秘，正确数出“看不见”的小方块的位置和个数。 过程与方法目标：通过观察、拼搭的过程培养动手操作能力和空间想象能力。 情感态度价值观目标：培养数学有趣、数学好玩的积极情感，获得动手与动脑的快乐体验
	综合实践	有趣的数字魔术	知识与技能目标：能运用相关数的经验，发现魔法数字表中的秘密。 过程与方法目标：尝试玩数字魔法游戏，体验数学活动的乐趣。 情感态度价值观目标：培养数学有趣、数学好玩的积极情感
	数学应用	美丽的图案	知识与技能目标：使学生对长方形、正方形、三角形、圆形有初步认识，知道这些图形的名称并能正确识别。 过程与方法目标：培养学生初步观察想象和动手操作能力，提升创造力。 情感态度价值观目标：主动探索的精神和与人合作的意识
	传统游戏	魔法小闹钟	知识与技能目标：加深对于钟表相关知识的认知，掌握小闹钟“魔法”的奥秘。 过程与方法目标：培养观察、探究、动手操作的能力，合作学习的能力。 情感态度价值观目标：体会生活中处处有数学，培养数学好玩有用的积极情感
	数学家族	小小采购员	知识与技能目标：初步了解人民币的实际价值，了解人民币与日常生活密切的联系，感受人民币的实用价值，丰富对购物相关的数量关系的理解，积累解决简单购物问题的经验。 过程与方法目标：经历用数学知识和方法解决购物中各种实际问题的过程，培养收集、整理和加工信息以及灵活解决问题的能力。 情感态度价值观目标：培养学生爱护人民币、勤俭节约的好习惯

续表

年级	板块	主题	教学目标
低年级	传统游戏	魔幻七巧板	知识技能目标：通过用七巧板拼图的活动，进一步熟悉学过的平面图形，初步认识平行四边形。 过程方法目标：能够有序进行学具操作，在学习过程中注意倾听，学会与伙伴互助合作。 情感态度价值观目标：培养学生的空间观念、动手操作能力和创作能力，发挥学生的想象力和创造力，培养学生的探究精神和合作意识
		神奇魔法棒	知识与技能目标：通过移动或者增减火柴棒的方法使等式成立，培养思维能力，掌握操作技巧。 过程与方法目标：在摆放火柴棒的游戏过程中，进一步掌握正方形、长方形、三角形等图形的特点。 情感态度价值观目标：发挥学生的想象力和创造力，体验数学的趣味性
	数学家族	看图时的错觉	知识与技能目标：通过观察和大胆提出猜想、验证，探究看图错觉背后的原理。 过程与方法目标：培养动手操作能力和逻辑推理能力，体会有理有据对数学学习的重要性。 情感态度价值观目标：体会数学好玩、数学有用的积极情感和严谨的科学精神
中年级	巧思魔算	巧算两位数乘法的魔法	知识与技能目标：在“魔法数学”情境中掌握两位数乘两位数的规律，找出解决两位数乘法巧算的方法。 过程与方法目标：在学习过程中培养学生的观察能力，提高学生的计算能力，培养数感。 情感态度价值观目标：学生在巧算两位数乘两位数的过程中树立起对数学学习的自信心
		走马灯数	知识与技能目标：了解走马灯数的历史渊源和初步原理。 过程与方法目标：经历、体验、探究走马灯数的初步原理的过程，涵养数学思想方法。 情感态度价值观目标：进一步激发学生学习数学的兴趣，让学生获得学习成功的体验
	空间魔法	莫比乌斯带	知识与技能目标：通过剪纸环的游戏，让学生感受到数学中拓扑变换的数学奥秘。 过程与方法目标：通过组内学生间的动手操作过程，提高学生的空间想象能力。 情感态度价值观目标：使学生感受到学习数学的乐趣

续表

年级	板块	主题	教学目标
中年级	空间魔法	有魔力的线	知识与技能目标：在“魔法数学”课堂上认识辅助线，了解辅助线的作用，为便于计算可以分割图形。 过程与方法目标：在教学过程中培养学生的观察能力和动手操作能力，培养空间观念。 情感态度价值观目标：在“魔法数学”教学环节中培养学生对学习数学的兴趣，激发学生学习的好奇心
	综合实践	奇妙的图形密铺	知识与技能目标：在创设的“魔法”情境中，观察生活中的密铺现象，了解什么是图形的密铺。探索哪些平面图形可以密铺，在操作的过程中感受密铺的特点。 过程与方法目标：通过铺一铺、摆一摆等实践活动，在探究规律的过程中培养学生的观察、猜测、验证、推理和交流的能力。 情感态度价值观目标：通过欣赏密铺图案和设计简单的密铺图案，使学生体会到图形之间的转换，充分感受数学知识与生活的密切联系，经历欣赏数学美、创造数学美的过程
	数学应用	超市中的魔法	知识与技能目标：进一步了解人民币的实际价值，丰富对购物相关的数量关系的理解，积累解决简单购物问题的经验。 过程与方法目标：经历用数学知识和方法解决购物中各种实际问题的过程，培养收集、整理和加工信息以及灵活解决问题的能力。 情感态度价值观目标：在活动中进一步培养与他人合作交流的自觉性，获得一些成功的体验，增强学习数学的兴趣和学好数学的信心
	传统游戏	容斥原理	知识与技能目标：理解容斥原理，会画图分析数量间的关系，能根据具体情况灵活选用方法进行解答，会画简单的文氏图分析题目。 过程与方法目标：经历探索过程的多样性，培养逻辑思维能力，提高思维的缜密性。 情感态度价值观目标：充分感受数学知识与生活的密切联系，体会利用知识解决实际生活能力的快乐
	数学家族	一笔画魔法	知识与技能目标：掌握一笔画，能通过“一笔画”的数学问题，解决实际问题。 过程与方法目标：通过探究“一笔画”规律的过程，建立解决问题的数学模型，培养科学严谨的思想方法。 情感态度价值观目标：通过“一笔画”问题及其结论的了解，扩大学生知识视野，激发学生学习兴趣

续表

年级	板块	主题	教学目标
中年级	数学家族	巧算 24 点	知识与技能目标：理解 24 点游戏的规则，掌握 24 点游戏的运算技巧。操作实践算 24 点的扑克游戏，巩固加强有理数的四则运算。 过程与方法目标：在计算 24 点多次试错的过程中，培养数感，培养与同伴合作交流的能力。 情感态度价值观目标：寓教于乐，培养合作精神和创新意识，激发学生对数学学习的兴趣
		高斯求和	知识与技能：经历探索过程的多样性，能根据具体情况灵活选用方法进行解答，学会运用转化的思想解决实际问题。 过程与方法目标：在感受、体验数学与生活联系的过程中，发展数学思维能力。 情感态度价值观目标：感受计算方法与策略的巧妙，培养学生的学习兴趣，通过主动克服学习过程中的困难获得积极的学习体验
		小欧拉围羊圈	知识与技能：进一步运用——列举策略，通过不完全归纳法探索规律。 过程与方法目标：在探索和发现数学知识的过程中，积累数学活动的经验，培养观察、比较、分析和归纳的能力。 情感态度价值观目标：体验数学学习活动的乐趣，增强对数学学习的自信心
高年级	巧思魔算	整数裂项谜	知识与技能目标：学生在“魔法数学”课堂中清楚掌握几种简单的裂项求和的方法及其解答的思路技巧。 过程与方法目标：在学习过程中培养学生的观察能力，培养数感。 情感态度价值观目标：通过找寻规律激发学生学习数学的兴趣，树立自信心
	空间魔法	打碎的玻璃	知识与技能：通过解决“玻璃打碎了，拿哪一块去配才能将三角形玻璃还原”的实际问题，探究三角形、长方形、圆形等图形内部的奥秘。 过程与方法目标：在小组合作、探究、交流、思辨过程中碰撞思维，在循序渐进中建构知识脉络。 情感态度价值观目标：体会数学有用、数学有趣的成就感，获得积极的数学学习体验

续表

年级	板块	主题	教学目标
高年级	综合实践	包装的学问	知识与技能目标：结合“魔法数学”的教学模式了解不同的包装方法，计算表面积，并比较出最节省的包装方法，体验策略的多样化，发展优化思想。 过程与方法目标：在创设的魔法情境中，发展动手操作能力和空间想象观念，培养积极思考、探究规律的能力，能用不同的方法解决简单的实际问题。 情感态度价值观目标：渗透节约意识，了解包装的学问在生活中的应用，体会数学与生活的联系，提高学习数学的兴趣
		北京五日游	知识与技能目标：学生能理解、分析提供的信息，结合实际情况，通过合理思考、计算、比较，解决有关旅游费用预算的实际问题；能独立收集、分析与整理一处旅游地点旅游的各类信息，结合自身实际，制订比较可行的家庭旅游计划，并进行旅游消费。 过程与方法目标：在一系列问题的解决中从数学的角度发现问题和提出问题，综合应用数学知识解决相应的问题，体验解决问题方法的多样性，初步积累社会活动的简单经验，发展应用意识和创新意识。 情感态度与价值观：体会不同学科、不同领域间知识的联系；培养与他人合作交流的能力，学会评价与反思，增强学好数学的信心
	数学应用	我是小侦探	知识与技能目标：通过观察、猜测等活动，让学生经历简单的推理过程，理解逻辑推理的含义，初步获得一些简单的推理经验。 过程与方法目标：能借助连线、列表等方式整理信息，并按一定的方法进行推理。 在简单的推理过程中，培养初步的观察、分析、推理和有条理地进行数学表达的能力。 情感态度价值观目标：感受推理在生活中的广泛运用，初步培养有顺序地、全面地、思考问题的意识
		神秘的税收	知识与技能目标：通过教学使学生知道储蓄的意义；明确本金、利息和利率的含义；掌握计算利息的方法，会进行简单计算。 过程与方法目标：通过“估一估”“算一算”“验一验”等有效的操作过程，提高数学应用意识、数感和实际解题能力。 情感态度价值观目标：对学生进行勤俭节约教育，积极参加储蓄以及支援灾区、贫困地区建设的思想品德教育

续表

年级	板块	主题	教学目标
高年级	传统游戏	奇幻的数独	知识与技能目标：通过观察、分析等活动，让学生用推理解决一些简单游戏中的数学问题，从而经历稍复杂的推理过程。 过程与方法目标：让学生在推理的过程中不断尝试、调整、提高推理能力，感受演绎推理和合情推理的联系。 情感态度价值观目标：在简单推理的过程中，培养学生观察、分析、推理和有条理地进行数学表达的能力，学会有序地、全面地思考问题
		魔方的秘密	知识与技能目标：了解魔方的一些相关知识，学习复原魔方一面时出现的各种情况之间的转化。 过程与方法目标：能在复原魔方的过程中去学习、去思考，培养学生的空间想象能力、观察能力、小组合作能力及交流表达能力。 情感态度价值观目标：培养学生克服困难能力，增强学生的自信心
	数学家族	斐波那契数列	知识与技能目标：结合“魔法数学”的教学模式使学生认识斐波那契数列及其部分特性，解决著名的兔子问题。 过程与方法目标：在创设的魔法情境中，让学生在经历感知、分析、归纳和应用的过程中培养思维能力，会利用从易入难的数学思想解决问题，培养良好的思维品质。 情感态度价值观目标：在知识结构不断拓展、能力不断提升的过程中，感悟数学文化的广袤和久远，培养积极的数学阅读习惯，形成积极的数学情感
		勾股定理	知识与技能目标：结合魔法情境，让学生在解决实际问题中掌握勾股定理，并利用勾股定理进行计算与绘图。 过程与方法目标：在定理证明中培养学生的拼图能力，通过问题的解决来提高学生的运算能力。 情感态度价值观目标：通过有关勾股定理的历史讲解，使学生对数学学习感兴趣

前，常看到白胡子院长高举魔杖，将六大魔法元素进行融合配比，轻而易举地解决一道道数学难题。

图 8　白胡子院长

青青，白胡子院长最得意的徒弟。她头脑灵活，思维缜密。在“巧思魔算”和“空间魔法”领域有独到的见解。她的计算能力和空间想象力超群，遇事会三思而行，主动探究，有了结论会反复验证。

图 9　青青

年年，魔法数学院的动手小达人。他擅长调制数学魔法药水，配比出的药水魔效常令院长也大吃一惊。他擅长将魔法知识应用到“综合实践”和“数学应用”领域中，还是个贪吃的男孩，对生活中的一切新鲜事物都感兴趣。

图 10　年年

路路，魔法数学院的“数学小百科”。她酷爱读书，数学知识储备丰厚，是魔法学院三学徒中的智慧担当。在“数学家族”和“传统游戏”领域颇有建树，丰富的知识储备常令她语出惊人。

图 11　路路

亲切生动的卡通形象，是儿童再喜欢不过的学习伙伴了。古今中外数不胜数的电影电视和绘本故事成功塑造了一批批走进儿童精神世界的卡通形象，产生了广泛的影响。20 世纪 80 年代初，经典科普动画《黑猫警长》横空出世，一经推出就成为全国小朋友追捧的对象。该片通过智勇双全的黑猫警长形象的塑造，在引人入胜的故事中讲述了“吃红土补充矿物质的大象河马”“为了更好繁殖后代而吃丈夫的螳螂”“以猕猴狗猪为食的大型雕科鸟类食猴鹰”等等一系列关于动物的科普知识，生动地介绍了动物的习性特征和生存方式，揭示了不为人知的大自然规律，充满了趣味性和观赏性。以《黑猫警长》为代表的科普动画在20世纪八九十年代取得了良好的社会反响，受到了无以计数的儿童欢迎，直至今日仍发挥着不可替代的教育作用和影响力 。如何让原本遥远的、枯燥的科普知识扎根于儿童心中？不得不说，亲切生动、个性鲜明的卡通形象和一个个或扣人心弦或温暖感人的故事起到了事半功倍的作用。

远有经典卡通形象珠玉在前，近有课本中的卡通形象紧随其后。苏教版数学课本中20种形态各异的卡通形象就在孩子们唾手可得的身边。大有代表师者形象的“茄子老师”“白菜老师”“豆荚老师”“玉米老师”，小有代表学生形象的“小番茄”“小青椒”“小蘑菇”“小萝卜”，还有各司其职负责引领“试一试”“练一练”“你知道吗”“回顾与整理”“练习与应用”“探索与实践”“评价与反思”等板块的小小卡通形象……它们生动活泼、神情各异，以个性鲜明的口吻传达教育的要义，或提出引发探究问题，或提点重难点，或全方位引领反思总结，顺承着儿童的心理发展，串联着每个章节每个课时的脉络，在各个层面引领着学生的学习。不得不说，卡通形象对儿童成长所起的影响是广泛深刻而又潜移默化的。

“什么年龄段适配什么样的卡通学习伙伴”，我们秉承这个观点，在“魔法数学”校本课程开发的过程中进行“深耕”，为儿童量身打造他们专属的魔法卡通形象。受电影《哈利波特》的启发，我们顺承“魔法数学”的课程主旨，精心构思出一所魔法数学院、一位老魔法师和三位个性鲜明的“小魔豆”形象。“和青青、年年、路路一起学魔法数学”的理念，一方面表达出我们对儿童在“思维”（青青的特质）、“动手”（年年的特质）、“阅读”（路路的特质）三方面皆有成长的期待；另一方面，“人设”各具特色的三位卡通“小魔豆”同时也优缺点具备，符合儿童明显的年龄阶段心理和生理特点，是“知识属性”“儿童特性”的和谐统一，更贴近儿童，能够表达儿童内心的声音。每一节课中，魔法问题由“老魔法师”提出，“青青”“年年”“路路”在符合自己个性特长的板块中交替登场，陪伴儿童们一路的探究与发现，课程形式活泼生动、充满童趣。这一组魔法卡通形象一经推出，便受到学生广泛的好评。“和青青、年年、路路一起学魔法数学”的理念浸润在青小的每一节“魔法数学”课堂里，深植在每一个儿童的心中。良好的效果同时也促使我们乘胜追击，将活动继续延展。才情兼具的小魔豆们拿起画笔，画出各种情态下的卡通图案，并把它们制作成胸牌、积分卡、积分表等延伸周边，我们将其作为在“魔法数学”学习中表现优异的奖励发给孩子们。精彩的卡通形象像一支高效能的催化剂，点燃学生内心的驱动力，收到良好的课堂效果，受到师生家长的欢迎。

三、精致设计“魔法”课堂五步曲

数学是思维的艺术体操。小学数学归属于初等数学领域，它以由浅入深、螺旋上升的特点，呈现了存在于现实生活中的数量关系与空间形式等知识，引导学生思维从低级到高级、从不完善到完善发展，为培养发展学生的抽象逻辑思维提供了空间。

“魔法数学”不是异想天开的天方夜谭，也不是虚幻缥缈的神话故事，而是在魔幻情境中渗透数学知识原理，用逻辑推理演绎的思维的玄妙乐章。在“魔法数学”课程学习过程中，我们为儿童精心设置“魔法数学”五步曲：观赏魔法⟶探究魔法⟶揭秘魔法⟶秀魔法⟶创编魔法。五步魔法环环相扣，逻辑相承，共同指向同一目标：在魔幻奇妙的问题情境中探究、揭秘、创造魔法，在探索交流中产生强烈的自主学习数学的需要，训练数学技能，发展数学思维，了解数学本质，涵养数学素养，实现数学领域中的自主发展。“魔法数学”的五步曲，为学生思维力的发展和素养的涵养创设出无限可能的自主发展空间、时间和条件。

1. 观赏魔法，在奇幻场景的激发下开启深度思维

深度的思维源自内驱力强劲的问题意识，内驱力强劲的问题意识源自浓厚的学习兴趣，而浓厚的学习兴趣的激发莫过于把“不可思议”的精彩灵动地、活生生地呈现在儿童眼前。“魔法数学”校本课程的“观赏魔法”环节就是在奇幻场景的激发下，开启儿童深度思维的第一道大门。

如在《两位数乘两位数的魔法》一课伊始，教师以美国“魔法数学”大师亚瑟·本杰明的一段速算多位数乘法的表演秀为序曲拉开序幕。欣赏完大师的表演，教师紧接着激趣：“今天老师也为大家带来魔法数学的表演，不列竖式，妙算结果！”待一段如魔法师般的速算表演结束，学生惊奇达到高潮时教师顺势引出：“孩子们，你们想知道两位数乘两位数背后的魔法奥秘吗？今天我们就一起来探究。”而“魔法数学”校本课程这种观赏魔法，在奇幻场景的激发下开启深度思维大门的新知引入，一改课本中单纯出示例题开启

探究任务的模式，学生的兴趣和探究学习的欲望被大大激发，生动形象的背景引入以及学生情感层面的共鸣将在学生数学学习的过程中起到事半功倍的作用。

2. 探究魔法，在主题式问题驱动中激励自主探究

从数学知识的逻辑体系入手，通过主题式整体设计问题，激发学生内在探究学习动力，把握学习内容的基本结构，理解数学知识之间的逻辑联系，建构整体知识框架，形成有条理、有论据、有深度、符合逻辑的思维品质，从而建立完整的认知结构，是“魔法数学”引导学生自主探究学习的实现路径。在主题式问题的设计中，教师以“初探魔法”“再探魔法”甚至“三探魔法”为题引，精心设置一环紧扣一环的难度问题。学生围绕主题，自主选择学习的途径和方法，一步步攀登，享受着学习本身的快乐，自主构建学习意义和经验。“攀登型”学习模式的问题设计赋予学生更大的主体地位和自主权，关注能力的训练、情感的体验和素养的发展，充分体现了布鲁姆的由“知道、领会”的低级学习目标到“运用、分析、综合评价”的高级目标的实现。

以《一笔画的奥秘》一课为例。在了解了“奇点”和“偶点”之后，教师引导小组合作，探究一笔画图形特点：一笔画的秘密就藏在这小小的锦囊里。锦囊里面装了 6 个可以一笔画的图形，你们有信心接受下面的挑战吗？（图 12）

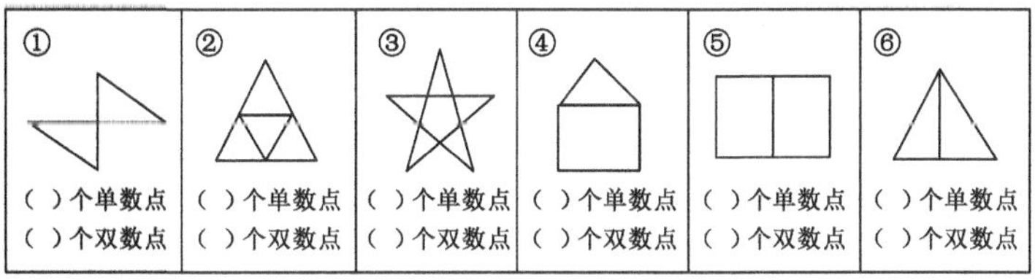

图 12 “初探魔法”的 6 个图形

初探魔法：尝试一笔画出这 6 个图形 。

再探魔法：尝试把它们分成两类（粘贴在学习单上），说说每一类有什么特点。

三探魔法：尝试总结一下什么样的图形能够一笔画出。

本课以“究竟什么样的图形能一笔画出”为核心问题，贯穿和统摄全课，驱动学生一步步完成认知水平的三级跳：分类操作—自主探究—合作交流。三次活动恰好对应三个层次的教学目标：直观感知—梳理发现—总结提炼。

为了促进核心问题的深入理解，教师“步步为营”，精心设计了一系列关键性问题，每一次设问或直指数学本质，或关乎数学素养。在核心问题的驱动下，学生的经验被唤醒，热情被点燃，思路被打开……学生对什么样的图形能一笔画出，从原来的“毫无头绪”升级到梳理出内在规律的“理性认知”。作为核心素养内隐特质的数学思考和数学态度，都得到了有效关注。作为教师，就应该在课堂设问上下功夫，用问题引领，驱动课堂向思维的纵深进发。(图 13)

图 13　课堂探究《一笔画的魔法》

3. 秀魔法，在合作展示中碰撞思维火花

美国学者研究发现：读的东西转化 10%，听到东西转化 20%，看到东西转化 30%，将视、听相结合能转化 50%，和其他人进行探讨能够转化 70%，若是自己亲自去体验的可以转化 80%，如果能够把自己研究出来的东西教给别人，可以 90%转化变为自己的。秀出魔法，恰恰是通过学生喜闻乐见的方式为学生搭建微型课堂“秀台”，把小组探究出的成果教给别人，是呈现小组合作学习成果的环节，更是在合作展示中碰撞思维火花的精彩环节。

在《钉子板上多边形》一课里的奥秘被小组探究出之后，便是同学们最期待的展示交流环节。我们引入信息化手段——几何画板，帮助学生在极短的时间内最大限度地丰富自己的素材数量，验证自己的发现。秀出魔法的时间到了，同桌两人合作，一人快速地在几何画板上围出形状和参数各异的图形，一人负责向全班讲解在小组内探究出的“图形边上的钉子数”“图形内的钉子数”和图形面积之间的关系，信息技术武装下的“魔法”手段，犹如魔法世界的一根“魔法棒”，为学生的探究活动相助一臂之力。分享完毕，由台下的同学用几何画板现场出题，台上的同学在最短时间内妙算答案。答案正确，掌声雷动；答案有误，迅速补充纠正。就这样，台上思维飞扬，台下灵动捕捉，一问一答，一唱一和。如果把“探”魔法比喻为深挖发掘宝藏，那么“秀”魔法就是挖出宝藏后的精彩呈现。秀魔法，秀出魔法中的奥秘，秀出思维进阶的精彩，自主学习的成果跃入眼帘。

4. 创编魔法，在思想方法的迁移中升华自主发展

在知识爆炸的时代，任何知识都不是孤立存在的，“为迁移而教”已成为人们的共识，教师提升“教”的迁移意识、培养学生“学”的迁移能力显得尤为重要。思想方法是人们对数学内容的本质认识，是对数学规律的理性认知。“魔法数学”尝试在数学课堂上实践思想方法迁移的策略，在“创编魔法”板块引导学生在思想方法的迁移中实现深度思维。就此，在观赏魔法、探究魔法、秀魔法的三步曲后，学生通过更具挑战性的创编魔法，在思想方法的迁移中实现自主发展的升华。

还以《两位数乘两位数的魔法》一课为例。在完成了一探 34×11、二探 85×11 和三探 846×11 的魔法后，鼓励学生探究 25×25 和 83×87 的奥秘。在学生熟练掌握了其计算方法之后，教师进一步抛出“创编魔法”——算到这儿，你还有什么更大胆的想法，或是你更想探究出什么魔法？问题抛出，片刻思考后学生创意出新灵感：“我想探索任意一个数的平方数的奥秘是什么？如 78×78”“我想尝试个位上相加不得 10 的（十位不相同的）有什么奥秘？如 22×23，89×98……”不一而足。

观赏魔法、探究魔法、揭秘魔法、秀魔法和创编魔法，“魔法数学”这五个环节的教学视每节课程具体内容相机选择设置，可全部使用或相机部分使用，但逻辑的严密性和目标的统一性始终如一：引导学生在魔幻奇妙的问题情境中自主探究蕴藏的魔法奥秘，将未知的玄妙转化为已知的原理，培养和发展转化思想；引导学生遵循一定的逻辑，有条不紊地分析和解决魔法问题，锻炼和提升逻辑思维；引导学生自主归纳魔法中的数学原理，训练和完善归纳思维；学生基于已掌握的魔法技巧，自主探究和创意新魔法，激活和优化发散思维；如此等等。

四、知行合一的PBL研究

英国数学家怀特海认为学生是有血有肉的人，教育的目的是激发和引导学生的自我发展之路。每一位个人都有自己的天性和潜能，教育的关键作用就是引导学生在学习和实践的过程中实现学习、思考、实践、领悟，在知行合一、学思践悟的过程中不断提升自己对世界的认知，最终发现能够成就自我的潜能。

知行合一理念在教学领域的应用非常普遍，它是一种既能够夯实学生所获得的知识，检验知识的有效性，获得成就感，又能够在实践中将认知二次升华的教学观念。PBL项目化实践以具体的主题展开，引导学生通过综合性、多元化的活动方式，形成认知，获得体验，学会合作，分享交流。PBL项目化实践课程的开展以主题活动为中心，学生建构知识体系、认知世界、提升解决问题的能力，符合儿童所需要的学习方式。综合实践课程是培养学生综合运用所学综合解决生活实践问题能力的重要方式，更能够充分贯彻知行合一的教学理念。我们立足于具体课程内容的主题与核心，考虑儿童学习数学的真实情感需求，把项目化学习PBL的理念融进“魔法数学”的学习中，将知行合一贯穿于一个个浸润“魔法”的PBL项目化实践课程中，开展主题式“魔法数学”实践学习活动。

1. 践行知行合一，创新自主学习机制

在“魔法数学”项目化学习PBL中，课程的开展以课本为源本、以学生为主力军设计学习方案。内容的选择充分考虑到学生的心智发展和知识储备量，同步课本进度，兼具客观性、科学性和创新性。在具体的主题活动中，除了按照既定内容来完成实践外，我们还充分给予学生自主学习权，鼓励学生自主选择内容、创意生成项目。“选我所爱，爱我所选”，学生自主选择想要参与的项目。充分的自主权的递交，换来的是一份尊重，换来的是一份惊喜。例如，教师引导学生自主拟定“魔法数学”PBL主题、选择感兴趣的主题，师生共同制定项目方案，设计活动地点、活动方式，策划项目流程，构划项目可行性。在此过程中，教师充分将学生放在项目活动的正中央，给予学生更多的自主权，使学生能够感受到自主学习的快乐，也能通过项目化学习中小组协同，强化合作意识。更重要的是综合运用知识，在繁杂多变的实际生活素材中选择有效信息，收集、整理、分析、运用，最终达成目标，这是充分贯彻知行合一理念的重要方式。以上，学生参与“魔法数学”PBL的过程，不再是简单的数学知识学习，更多的是一种自我构划、自主参与和实践。用学生自己的话说，“有一种当导演的快乐”。

2. 践行知行合一，创造实践活动机会

传统的综合实践课包括生活情境中产生问题的需要、中心活动的开展、活动成果的汇报和教学评价等多个环节。在设计教学方案时，由于很多主题需要特定的活动地点支持、活动设备工具等，很容易受到条件的局限而造成实践内容打折扣，使得真正实践活动不断被压缩，有时甚至把实践活动课上成了知识的新授课，出现“纸上谈兵”的现象。与此同时，部分学校和教师也因为缺乏相应的认知，不能正确地认知完整的综合实践活动对于儿童发展的必要性，仅仅讲解理论部分的知识点，简单“启发”，强行“总结”，这是与学生身心发展相违背的。在“魔法数学”PBL实施过程中，我们深知为儿童创造实践活动的机会是贯彻知行合一理念的重要教学方式，也是达到项目化教学目标的重要途径。作为学生学习的引导者，教师应当积极创设环境条件来组织学生进行实践，积极为学生提供实践的精神支持和物质支持，悉心倾听学生内心的诉求和合理化建议。在知行合一理念的引导下，使学生沉浸式地参与到实践中，让“知”指导“行”，让“行”升华“知”，达到“知行合一”的理想境界。

3. 践行知行合一，有效融入生活化内容

“知行合一”思想精髓中的“知”与“行”是相辅相成的两个部分，二者不可偏颇且缺一不可。针对小学生学习过程中过于重视理论知识而忽视实践内容的情况，教师可以将生活化内容融入学生的实践活动，以此达到吸引学生、调动学生积极性的目的。生活化的内容是学生接触最多的，他们对于其中的很多细节非常感兴趣，将生活化内容作为综合实践活动开展的重要素材，既能降低学生完成具体活动的难度，还能确保学生有较高的参与度。教师可以根据综合实践课程主题，选择与之相对应的生活化内容。例如，在《北京五日游》学习之后开展主题研究，学生将自己的假期旅游晒出来，一路旅行，一路手札记录旅游线路图、旅游装备购买、旅游备用金使用、旅游天气变化规律、游园人流量的计算、酒店住宿优惠计算、复兴号速度和经过地等等问题，运用所学，进行生活化的解读。在向全班进行展示完之后，学生还可选择其中相关信息编成思考题考其他的同学。在这样的一问一答相互唱和中,学生沉浸在旅游的收获中,收获了一众响应的伙伴,纷纷表示下个假期加入旅游团队,项目活动取得了意料之外的好效果。将生活化内容融入综合实践开展过程,学生能够在了解基础内容的同时积极参与到具体的实践中,是贯彻知行合一理念的有效措施。

4. 践行知行合一,培养开阔视野的系统性思维

"行前有准备",饱含知识储备计划周全而来;"行中有记录",留痕经历积累脚步;"行中重体验",参与其中直观体验沉浸式实践;"行后有认知",激发深度思考,总结反思升华格局。"魔法数学"PBL 在主题项目化学习的过程中还侧重于培养儿童的系统思维,让儿童有开阔的数学视野,面对问题能整体分析、全面思考,能对解决问题的方法与策略进行综合优化,使儿童的数学学习不再局限在点滴的散状的知识中,不再停留在亦步亦趋的方法模仿中,有效完成发现问题、提出问题、解决问题、反思问题的完整格局的系统思维,提高思维品质。

总之,"魔法数学"PBL 研究正是拓展学生视野、拓宽学生知识面的一项课程内容,更是培养学生动手能力,在具体活动中促进能力发展的重要内容。知行合一理念的重要性,通过创新自主学习机制、创造实践活动机会、有效融入生活化内容等方式培养开阔视野的系统性思维,提高学生的动手实践能力,将所学理论知识应用到日常生活与学习中。值得注意的是,在逐步走向知行合一的过程中,学校和教师都不能过分依赖以分数的形式对学生进行评价和考量,而要将视野贯穿整个主题化活动的全过程,以过程性评价的视角去品评学生的自主发展。这一点是否能够坚守,是所有前期工作成败的重中之重。

第八章　评价:内外兼修的评价方式

课程评价是指在课程实施的整个过程中,依据一以贯之的评价标准,通过系统收集有关学生信息,采用各种定性、定量的方法,对课程的计划、实施、结果等有关问题做出价值判断并寻求改进途径的一种活动。当前基础教育阶段的大部分学校处于课程开发实施的初级阶段,总的来讲,对于如何有效评价校本课程大都缺乏成熟的技术,并存在很多误解。评价不等于考试、测验,更不等于填一堆表格。评价是给出努力的方式、标杆,是一种激励、一种认同、一种肯定、一种鞭策、一种自我实现与肯定、一种风采展示,是记载行走足迹的过程,是了解课程效果、了解师生对课程满意度的重要手段。

"魔法数学"校本课程评价秉承徐州市青年路小学的江苏省基础教育前瞻性教学改革实验项目"'小能豆'学生自主发展评价系统的建构与实践"的理念,紧密结合"魔法数学"校本课程的课程特色。"小能豆"学生自主发展评价系统以"培养自主发展的现代儿童"为目标,采用多元、分项、分维、分量等评价方式,让每个学生在突显自主的过程中成为最好的自己。聚焦自主发展的教育评价改革是学校育人新理念新思想得以深化的支点,表现性、发展性、多元性的评价方式是成就学生自主发展的催化剂。多元、多维、分量、分项的研究路径是提升教师专业能力的助推器。多场域联动育人的评价机制是塑造革新家庭、社会教育评价观的重要手段。"魔法数学"校本课程有效汲取"小能豆"学生自主发展评价系统的先进理念和成功做法,构建内外兼修的评价方式——课内，金色魔法师等级评价，如金字塔般筑起学生学业发展的高台；课外，魔法秀展示评价，如金色大厅般呈现学生学业成果的舞台。课内课外双管齐下，不同的组织形式，不同的评价形式，却同样吸引着小魔豆们。“用学生喜欢的方式评价学生”，也许正是一个课程之所以能受到学生欢迎广泛，从构建之初就一直保持旺盛的生命力的原因。

一、课内：金色魔法师等级评价

“魔法”评价是指教师在魔幻、奇妙的教学情境中，对学生的质疑、回答等言行做出及时、准确、能激发学生学习兴趣的评价性语言，同时也关注生生之间的互评，凸显出学生的数学思维。在课堂教学中，教学效果很大程度上取决于教师课堂评价。因此，我们积极实施“魔法”评价：创设评价的“魔法”情境，构建评价的“魔法角色”机制，设置评价的学分和奖项。

1. 创设评价的“魔法”情境

我们数学团队将精心选取的国内题材和国外题材的“魔法”情境引入教学，国内的选取了《喜洋洋与灰太狼》《西游记》等题材，国外的选取了《哈利波特》系列故事以及《爱丽丝梦游仙境》等故事题材。我们的目的是营造出魔幻的问题场景，以过程性评价、积分制评价为主导来激发学生学习数学的兴趣，同时进一步引导学生思考与情境相关联的一系列数学问题。

2. 构建评价的“魔法角色”机制

在思考如何设计出课堂评价机制之前，数学团队对孩子们的课外读物和喜爱的事物做了调查，寻找他们最喜闻乐见的评价方式和途径。我们以“组内异质、组间同质”为宗旨建立起合作小组，小组中的每一位同学通过表现得到的积分可以获得不同魔法师身份：蓝色魔法师、红色魔法师、金色魔法师。我们给每个魔法师身份都赋予一个鲜活的故事。比如，在向同学们介绍三种不同魔法师身份的时候这样告诉孩子：《哈利波特》里最流行的体育运动就是魁地奇比赛，决定比赛胜利的关键就是一颗叫金色飞贼的小飞球。“今天你愿意成为控制住金色飞贼的金色魔法师吗？”如此的激趣引入，学生参与学习的积极性立即得到触发，跃跃欲试。

与此同时，魔法师的定级是根据学生课堂表现拿到的积分换取的，公正公平的定级方法使得大家心服口服。更妙的是，一旦获得魔法师称号，这三种魔法师身份在完成任务或回答问题时得的积分也各不同：从低到高分别为蓝色魔法师每个问题或任务加 3 分，红色魔法师每个问题或任务加 2 分，金色魔法师每个问题或任务加 1 分。为争取本小组更高的积分，大家把越来越多的机会让给了积分低的学生，有效地鼓励了学困生抓住更多的机会展示自我。而为了弥补了高积分学生加分少的遗憾，我们特设“积分奖励”政策，即如果帮助组内普通“魔法学员”回答问题或完成任务，则可以进行额外加分。在这种双剑合璧的“魔法角色”机制下，学生在课堂上展现出前所未有的内驱力，善于观察、积极思考、踊跃回答，同时时时刻刻把小组的利益放在了第一位，更具责任担当意识。

3. 设置评价的学分和奖项

课程评价的主体、对象和方法众多，我们选择设置学生自评、小组互评、教师评价三种形式，每种形式均需设计和提供相应的评价标准和评价表格。在此基础上，本课程采用学分制，并设置了一些基本奖项，力争以评价吸引学生学习，以评价促进学生学习。经过三年时间的不断尝试，我们完善了“魔法数学”校本课程学分和奖项设置。（表 3）

表 3 “魔法数学”学分和奖项设置

学分设计	探究魔法	探究活动扎实有效，小组合作扎实，每人可得 1 基础学分
	揭秘魔法	成功揭秘 1 个数学魔法可得 2 基础学分。失败也可得 1 基础学分
	秀魔法	成功秀出 1 个魔法，按表现水平可得 3～4 基础学分。失败也可得 1 基础学分
	创编魔法	成功创编 1 个魔法，按创新水平可得 4～5 基础学分。失败也可得 1 基础学分
奖项设置	个人奖项	1. 以组为单位修满 50 学分，学期末学生可获得“魔法数学毕业生”证书。 2. 学分位列前 10 名者，学期末可分别授予“魔法学院”铜牌魔法师、银牌魔法师和金牌魔法师荣誉。 3. 根据学生自评、小组互评和教师评价的结果，授予魔法数学专注星、参与星、思维星、挑战星和领袖星等荣誉。每种荣誉的人数根据实际情况而定
	小组奖项	在“揭秘魔法”中最佳小组可获得“破解魔法之星”荣誉，小组加 10 基础学分。 在“秀魔法”中最佳小组可获“魅力魔法之星”荣誉，小组加 20 基础分

“魔法数学”校本课程，通过一系列的学生学习评价和课程质量评价，能够清晰地获知哪些主题内容、教学方法、数学魔法是学生喜欢的和不喜欢的，从而为课程内容和实施策略的调整与改进方向提供参考依据，真正做到以儿童为中心。校本课程的开发总是在不断实践反馈中获得启发，持续改

进以求提升课程品质，不断归纳总结多方经验，在探索中逐步走向成熟，只有真正让学生有所受益，才能赢得他们的真心喜爱。通过评价让孩子们在课堂学习中出现思维的碰撞，这样的课堂才会生机盎然，充满生命与活力。

二、课外:魔法秀舞台开放评价

校本课程的评价包括对学习者的评价、对执教者的评价、对课程本身的评价，并以对学习者的评价为主。对学生的评价可以通过多种途径展开:对学生的学习结果进行评价；通过成长记录袋、日常观察记录表、考勤表进行过程评价；通过问卷了解学生的满意度、期待以及探讨解决问题的对策；通过多种途径为学生提供课程学习情况的展示平台；全面考查学生学习水平，进行终结性评价；等等。它如同一个指挥棒，影响着每个学生课程学习中的兴趣、意识、能力的形成以及创新意识的培养，对教与学的活动有着巨大的导向作用，是课程学习本身不可或缺的一部分。如何在课堂之外为学生构建一套具有激励作用的评价体系，它不但能够以充分的舞台展现每个儿童的个性特色，对一个学期的学习成果进行展示和呈现，更能够通过评价肯定学习效果、激励学习动力，为学生的持续发展助力。我们把目光聚焦到了开放式的表现性评价上。

先来看看什么是表现性评价。表现性评价是指为学生提供一定的问题情境，通过观察学生在实际任务中的表现来评价学生发展成就的一种评价方式。运用表现性评价，不仅能考查学生知识技能的掌握水平，更重要的是能考查学生运用所学知识分析和解决问题的能力。因此，表现性评价被称为一种高级学习的评价方式，是一种真实有效的课程评价方法，更是一种有意义的课程实施方式。

开放式表现性评价更具广阔的立意视野和操作空间，其特点非常鲜明：第一，学生面对的问题情境或任务情境比较真实，线索比较复杂，需要综合运用多学科的知识和技能才能使任务较圆满完成；第二，强调“知行合一”，通过实际操作或舞台表演的方式进行，不仅关注知识掌握了多少，更关注表现得怎么样；第三，尊重学生的创造性、主体性，鼓励学生自主运用知识，强调个性化地解决问题的能力。开放式表现性评价有多种表现形式，可以采取小组合作表现形式，也可以采取个人表现形式，还可以采取“小组秀＋个人秀”的方式进行。利用多种途径为学生提供课程学习情况的展示平台，能让学生在一个轻松愉快的渐进过程中学习数学、享受数学，帮助他们形成对数学学习的积极态度和正确的情感价值观。同时也能帮助老师全面了解学生的数学学习历程，能对学生在学习过程中所表现的情感、态度、能力、学习策略、掌握知识和实际运用知识以及所表现出的发展潜能等，进行全面综合性的评价，而不是一味地以考试成绩来评定学生一个学期的学习。开放式表现性评价常见的具体形式有：演讲、辩论、模拟场景表演、社会调查、操作仪器、作品展示、访谈、时政评述、成果汇报、小组研究性学习报告、设计手抄报等等。

“魔法数学”校本课程秉承表现性评价的要义，努力搭建课内课外兼备的课程评价体系。除了课堂之内为每一位小魔法师建立成长记录袋、日常观察记录表等，对其课程学习过程进行评价外（各年级一以贯之的“小魔法师评星制”），一改传统课程的考核评价方法，变传统纸笔测验评价为开放式展示性评价，为学生搭建课程学习情况的展示平台。每学年“魔法数学”课程收尾之际，举行一学年一度的主题魔法表演秀活动。表演秀主题完全交由学生自己商议决定，可围绕故事主题（如小魔法师图形王国探秘），将一学年所学内容在舞台上进行呈现。表演之前，鼓励学生自己创作海报，发宣传单吸引小观众前来观看。表演当天，小魔法师们粉墨登场，表演创意，接受检验；舞台下小观众们共鸣共享，揭秘魔法，快乐体验。表演完毕后，分发选票，让台下的观众为舞台上的小魔法师投票，评选“最佳魔法师表演奖”。在这样一个取代了传统校本课程评价方式的魔法秀场上，学生可以尽情享受课程大餐，儿童的天性得到充分的张扬，为进一步探究魔法数学世界的奥秘起到良好的助推力，让儿童的自主灵动成为最美的风景。下面是一个“魔法秀”演出故事的大纲。

《魔法三兄弟探险之旅》故事大纲

故事主旨：通过三兄弟一路上的探险故事，了解魔法三兄弟的魔法，认识直线、线段及射线，感受数学图形世界的神奇、图形之间的联系，培养用数学的眼睛观察世界、用数学的思维思考世界、用数学的语言描绘世界的能力。

主要角色：线段三兄弟（小绿、小蓝、小红）。

友情出演：杂技师，魔术师，鸟，蛇，小刺猬。

主要场景：图形王国，丛林，游乐场。

道具制作及布置:四年级1班同学。

故事内容:

线段三兄弟手拉手一起出去玩(首尾兄弟不拉手),可以形成角。

线段三兄弟手拉手围小蛇(首尾兄弟拉上手),可以形成三角形。

线段三兄弟去图形王国,图形王国的三角形鞠躬欢迎,感受三角形三个内角和是180度。

线段三兄弟去图形王国,三兄弟施展魔法形成等腰三角形、等边三角形。

线段三兄弟去图形王国,按照杂技师的要求站队,感受虽然形状各异,但是三条边围成的封闭图形都是三角形,正方形可以分成两个完全一样的三角形。

线段三兄弟去图形王国,看到五边形魔术师将六边形炮弹变成三角形,感受五边形能分成3个三角形,六边形能分成4个三角形,6个三角形能变成1个八边形……

主题思想升华:兄弟齐心,其利断金。充分发挥团队中每一分子的能量,团结起来,就能有大作为。

第九章　延伸:双管齐下的课程活动

课程不能仅限于书本。提供“知行合一”的数学学习环境,使数学知识、解题技巧与学生的生活实际相联系,才能激发学生积极参与数学学习活动的欲望,以内驱力的方式促进自身思维能力和解题能力的发展。然而,目前各种校本教材由于课程目标的不明确、教学内容的陈旧感以及学习方式的滞后性比较突出,使得学生缺乏必要的学习动力,没有与知识本身产生积极共鸣,不能积极、自觉地参与到数学学习中来。因此,改革长期单一性、机械化、程式化的课堂教学模式,构建一种对学生来说开放的、有持续热度和吸引力的课程活动化新模式,理应成为当下数学校本课程学习的主旋律。因此,我们提出“魔法数学”课程活动化、活动课程化的口号。

数学课程活动化、活动课程化是一种以学生的数学学习兴趣、需要和能力为出发点,以完成数学学习任务为主线,以学生的思维活动、行为参与、口头表达、成果展示为特征,把数学基本理念转化为实践意义的一种教学模式。在这种教学模式的教学中,教师通过选取贴近学生学习的生活场景、蕴含信息的问题情境、贴近时代的信息资源,为学生提供充分的实践机会和发展的良好环境,把课本内容活化为生活,把学习过程活化为交往,把学习任务单活化为舞台,使学生通过自主构建知识,主动展现自己的思维力、创造力,保持对数学学习持久的热爱。

(1) 内容的开放性。现代社会是一个巨大的开放系统,学生的生活色彩斑斓。教师要善于在生活中涉猎学生所喜爱的内容,将其定格、内化为数学校本课程内容的资源，尽情开发、利用，吸引学生更积极、主动地投入真实的生活情境中发现世界、思考世界。

(2) 目标的综合性。从活动的内容、形式到所产生影响的综合性特征是课程活动化的特点。因此，实施数学课程活动化、活动课程化教学，就要与其他活动有机结合，使“活动”为实现“目标”服务，从而让学生在一种自然的状态中掌握数学知识，增强在活动中习得数学本领的针对性、实效性。

(3) 形式的丰富性。数学活动的形式是丰富多彩的，不仅包含丰富多彩的社团活动，还包括相关联的主题数学节日活动。教师要在设计、教学方法上博采众长，不断创新，把学生吸引到活动中，使学生自主地参与、充分地体验、自由地表达，实现从“要我学数学”到“我要学数学”的强大内驱力。

(4) 过程的生成性。教学过程是一个多元、互动、开放、动态的相互推进的过程。教师要根据学生在活动中的自主参与意识、参与情趣，对课程活动的目标、内容、过程、方法做适时适度调整，让学生在动态参与中产生强烈的情感体验，激发观察世界的好奇心、探究世界的求知欲，体会获得知识的喜悦感、分享知识的满足感。

一、翘首以盼的“魔法数学节”

1. 万众瞩目，精彩纷呈的第一届“魔法数学节”

2018年的3月，万物生长，春意袭人。历时1个月的青年路小学教育集团“魔法数学节”在生长绽放的阳春三月，在同学们的呼唤雀跃中圆满落下帷幕。这次活动中，青年路小学教育集团4个校区的6000名儿童在“魔法数学”的世界里手脑并用齐狂欢，一批批优秀小“魔法师”脱颖而出，一项项活动纪录被刷新，青小数学课程建设取得令人瞩目的新成绩。众所周知，青小数学“巧算24点”考级活动和青小阅读考级两大课程活动开徐州小学教育之先河，历时已十年有余。在传承多年的“24点”考级活动基础上，青小紧紧围绕省教研室重点立项课题“‘魔法数学’校本课程的开发和实践研究”开展数学节等一系列丰富多彩的活动。我们俯下身去，悉心地倾听儿童内心的呼唤，在6000名儿童中开展问卷调查，最终确定五大赛事：“趣搭图形”“智拼七巧板”“巧算24点”“玩转魔方”“魔指九连环”。同时，各分校区又依据各自校本特色和学校资源，各自推出独创项目“魔法师技艺百题无错”“魔法师论剑最强大脑”“魔法师生活小小银行家”“魔法师寻宝巧绘平面图”“魔法师生活小探究大揭秘”等一系列妙趣横生的“魔法数学”活动。在丰富多彩的数学节活动中，儿童的积极性达到前所未有的高度。在比赛前后相当长的一段时间里，无论是走廊中还是操场上，都可以看到三三两两的同学们或手拿九连环或比拼魔方或算扑克牌24点，沉醉其中，乐不知返。这特殊的一道风景线成为一批又一批参观访问团赞不绝口的对象。沉浸在“魔法数学”中的小魔豆们，深深体会到数学的“魔力”，激发了学习数学的兴趣，提升了数学素养，在数学世界中自由自在地生长。（图14）

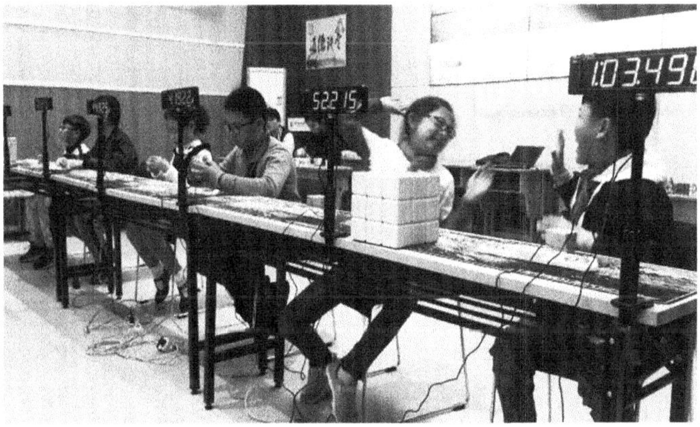

图14　数学节精彩掠影

第一届“魔法数学节”圆满落幕了，活动带给孩子们的快乐和影响是巨大的。在“童心教育”理念的观照下，以教育科研为引领带动课程发展成为青年路小学教育集团打造教育品牌的应然选择。恰如时任青年路小学校长刘婷所说的那样：“沿着童心的轨迹探寻教育规律，为儿童完整幸福的生长涵养丰富的生命之基、力量之源”。自此，丰富多彩的“魔法数学节”活动如火如荼地开展起来了。

2.“数学好玩”，响亮的“魔法数学节”口号

2019年10月28日，以“数学好玩”为主题的“魔法数学节”活动在小魔豆们的期待中到来。“数学好玩”是国际著名数学家陈省身赠送给少年数学爱好者们的一句话。怎样让枯燥、抽象的数学成为孩子们喜闻乐见的身边的活动呢？青小数学组的老师们根据各年级学生能力发展的特点，安排了内容丰富、形式各样的数学活动，营造了浓厚的数学学习氛围。

一年级的主题是“有趣的拼搭”。孩子们通过“滚一滚”“堆一堆”“摸一

摸”“搭一搭”,不仅体会到了平面与曲面的区别,而且提升了空间想象能力,更增进了同学之间的情感交流,培养了与他人合作的能力,感受到了学习数学的乐趣,激发了学习数学的兴趣。

二年级的主题是“最强大脑”。教师从课本内容的特点出发,培养学生学习数学的兴趣,重视算理的理解,练习题的筛选恰到好处。通过竖式大赛、对口令大赛、乘法口诀 PK 赛、擂台挑战赛及心脑速算挑战赛,孩子们在游戏过程中很好地提升了计算能力。

三年级的主题是“我与图形交朋友”。结合三年级学习的主要平面图的内容及生活中孩子们比较熟悉物体的面的形状,通过观察和操作“量一量”“比一比”进行总结,得出了长方形边和角的特征及周长的求法。孩子在观察测量动手操作中,对知识的理解应用能力得到了质的提升。

四年级的主题是“巧算 24 点”。“巧算 24 点”是一种数学游戏,简单易学,能健脑益智,是一项极为有益的活动。“巧算 24 点”的游戏内容如下:一副牌中抽去大小王剩下 52 张,任意抽取 4 张牌,用加、减、乘、除(可加括号)把牌面上的数算成 24,每张牌必须用一次且只能用一次。这个比赛旨在进一步提高学生的计算能力,提高四则运算熟练度。

五年级的主题是“奇妙五子棋”。五子棋游戏趣味横生,引人入胜,富含哲理,有助于修身养性。第一,锻炼心态,宠辱不惊。无论局势什么样,都能心平气和地对待。如果想赢棋,首先要抛弃胜负心。第二,锻炼思维能力。五子棋的变化非常多,可以培养“换一种角度想问题”的好习惯。第三,锻炼计算能力。五子棋是真正一招走错满盘皆输,每一步必须精确地计算出来它的价值。通过本次活动,孩子们锻炼了思维能力,提高了智力,增进了彼此的友谊,收获满满。

创意创新的数学节活动,给学生建构起“与数学”心灵沟通的桥梁,使学生认识到数学对人类文化的发展起到不可估量的作用。同学们畅游数学王国,领略了数学的奥妙和乐趣,感受到了数学的无穷魅力,切身体会到了数学在成长过程中的作用。此次数学节活动激发了学生爱数学、学数学的热情,营造了良好的数学学习氛围,形成一个你追我赶的竞争氛围,成为学生学好数学的有力推手。

3.“趣”中寻“乐”,向高阶进发的节日项目

在前两届数学节成功开展的基础上,“魔法数学”课程开发团队的老师

基于学情，深入理解数学项目式学习的意义，整体规划，进行了精细化指导。根据小学数学核心素养及课程标准，确定一、二年级侧重激发兴趣，三、四年级侧重启迪思维，培养数学表达力，开展项目化研究。（图 15）

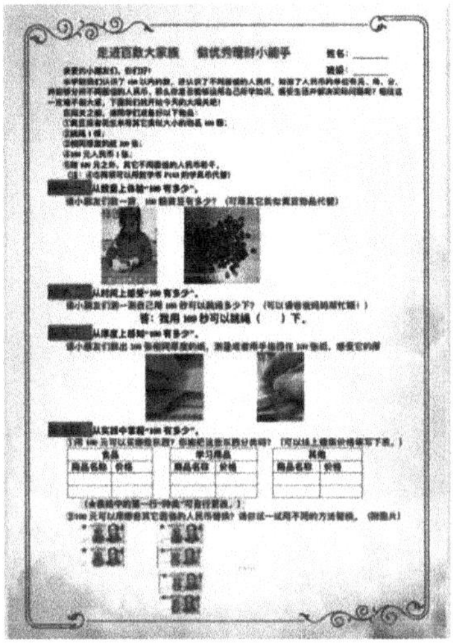

图 15　数学节高阶内容“我是项目化大师”

例如，一年级组的活动主题为“走进百数大家族，做优秀理财小能手”。在学生初步认识了 100 以内的数和不同面值人民币的基础上，我们对课本的内容进行梳理与统整，精心设计了一连串的闯关大挑战。闯关挑战为学生营造了一个相对开放、可探究的学习空间，让他们运用自己所学的知识感受生活、解决实际问题，并在解决问题的过程中深入理解核心概念，发展学科关键能力。

闯关一：从数量上体验“100 有多少”

在动手数豆子的操作活动中，学生可以初步地感受 100 有多少，熟练地掌握 100 以内数的顺序，在游戏中感知数字、发展智慧、创造智慧。

学生还学会了总结和反思。怎样可以数得又快又准呢？原来数数的方法也是多种多样的，可以一个一个数、两个两个数、五个五个数、十个十个数……还可以倒着数呢！看似简单的数豆子，里面竟然蕴藏着这么多的学问！

闯关二：从时间上感受“100 有多少”

让学生完成“100 秒可以跳绳多少下”的问卷，进一步感知数字 100 在时间中的概念，从而建立时间观念。同时让学生体验成功的喜悦，在体育锻炼中学习知识，快乐成长！

借此进行思想教育的渗透：100 秒转瞬即逝，要珍惜当下快乐的孩童时光，好好学习，茁壮成长，将来成为对国家和社会有用的人。

闯关三：从厚度上感知“100 有多少”

激趣进阶：“有了前面数豆子的经验，看谁能迅速而准确地数出 100 张相同厚度的纸，想办法感受它的厚度。”一群乐动手、勤思考、善反思的孩子发现同样是 100 张纸，厚度竟然不同，这是为什么呢？原来与所用的纸的薄厚有关呀！

闯关四：从实践中掌握“100 有多少”

在学生已经初步地认识了 100 以内数的基础上，为了巩固运用所学的知识，老师们决定将其与第五单元的教学内容相融合，让学生灵活地运用面值为 100 以内的人民币购买物品，感受这些数字的力量及其对生活的实用性。

“用 100 元可以买哪些东西？你能把这些物品分类吗？100 元可以用哪些其他面值的人民币替换呢？看谁的方法最多！”学生甚至发现了其中的奥秘：替换 100 元人民币的方法有很多，而且面值越低的张数就越多。学生在活动中，深化了数字概念，认识了钱币的不同，慢慢理解钱的用途，建立了简单的物品价值观念。

“趣”中寻“乐”，向高阶进发的节日项目活动，将项目化学习融入课程活动中，是“魔法数学节”的一个创新。我们将热闹的竞赛提档为沉浸式的项目化研究，力求促进学生独立思考、自主探究；注重数学知识的运用，提高学生数学分析能力；努力开阔学生的视野，着眼学生的终生发展。高阶的项目化活动助力数学节品质的提升，取得良好反响。

二、广受好评的“魔法数学”社团课

“魔法数学”课程的成功开发，给青小数学教师打了一针强心剂。但课程搭建得再好，若没有扎扎实实的落地途径，就宛如“镜中月、水中花”，折损了大半的意义。作为一线教师的我们深知，课程的实施绝不能只停留在书本上，否则就落入“纸上谈兵”的窘境；更不能全部依赖课程活动，否则只剩下“烈火烹油”的虚华。良好的课程学习，必须有扎扎实实的每一节课的学习、每一次学习任务的实践与合作，才能期待叶落花开的声音。2017 年 9 月始，在刘婷校长的热切关怀和鼓励下，青小在各年级开设“魔法数学”社团课。自此，课程研究有了实验场，理论探讨有了生命泉，从理论中习得的观点，从专家处领悟的思想，都可以在实践中得到验证、修正和完善。“魔法数学”社团课的开设，让“魔法数学”校本课程的实践和研究有了踏踏实实的落地途径。老师们脚下的路也愈走愈宽，脚步愈来愈轻快，目标愈来愈明晰。“魔法数学”社团课一经推出就受到广大学生的欢迎和好评，每次期初的抢课总是“秒杀”，一席难求。让孩子们学得开心，与孩子们一同成长，是每一个教师最大的心愿。（图 16）

图 16 “魔法数学”社团开心学习的孩子们

分享一篇“魔法数学”社团课教师的教学札记（2017 年 9 月）。

“魔法数学”社团开班第一课，我共设计三项教学内容。一是魔术表演，让学生感受魔术的神奇来自数学的奥秘；二是宣布社团纪律及要求；三是对学生进行分组，完成小组建设。课始，我先以表演数学魔术为引，让孩子们认识我这个“魔法”老师。

（引入环节）

以亚瑟·本杰明的精彩表演导入本课。

师：亚瑟·本杰明的魔法数学精不精彩？嗯，今天老师也要为大家带来速算两位数乘两位数的魔法数学表演，掌声在哪里？”

……

（探究魔法环节）

“哇！！！好厉害！”生齐刷刷地惊诧、赞叹。热烈的掌声响起，手掌和小脸一样红扑扑了。

师：谁厉害？

生：魔法数学！

师：是的，为什么要加上数学两个字呢？

生：与数学有关，利用数学变魔法！

生：我们要通过揭示魔法奥秘，学习数学知识和本领！

师：是的，当数学与魔术相结合，数学就会发生无穷的神奇魅力。数学规律才是魔术背后不变的奥秘。掌握了数学的本领，也就洞悉了魔术的奥秘。所以，真正有魔法的是数学！

板书：魔法数学。

师：就像大家所说，探究魔术奥秘的过程也许会很难，需要你一次次的努力，努力的过程虽然艰难，但因为专注，因为沉醉其中，你就会享受到探究的快乐。其实，数学魔术的魅力不在于解密的精彩，而在于冥思苦想的投入，寻结果不得的痛苦又快乐的过程。这就是“魔法数学”的无穷魅力。

（教师反思）

一节热闹的魔法数学课上完了，教学目标顺利完成。从孩子们上课的笑脸和下课依依不舍离开中我感受到了这节课的成功。但，这节课中还是存在一些问题值得自己反思：魔术表演不太自然、手法不灵活，甚至对有些孩子天马行空的思维没有第一时间理解和跟进，情不自禁地露出窘态……还有，让学生表达得还不够充分，在小组合作中角色的定位还有些欠缺，没有达到预先构想的每个孩子都有发言机会。但是学生们如潮水一般地热情告诉自己，这条路是对的！（图 17）

我们把“魔法数学”社团活动的总体目标定位为提升学生数学核心素养。如何有效地开展并持续社团活动的生命力，实现课程的意义及价值是非常重要的。“魔法数学”不能停留在表面形式的花哨和浅表层的快乐，要

图 17　一票难求的魔法数学社团课

从表面的快乐中体会数学深厚的价值、实用性，发展对学生一生都有意义的各种能力，继而内化为带的走的核心素养。朝着提升学生数学核心素养这个目标进发，根据“魔法数学”社团运行三年多的实践与摸索，我们总结社团实施策略如下。

1. 严格社团规章制度

没有规矩不成方圆。建立健全社团管理制度，明确每一位社团成员享受的权利和应尽的义务，保障所有社团成员在公平、公正的环境中开展社团活动，所有成员任何时候都享有自由表达的权利，是“魔法数学”社团成功运行的强有力保障。我们在“魔法数学”社团成立之初，广发英雄帖，鼓励学生毛遂自荐；同时，又广泛进行问卷调查，倾听儿童内心的需求；然后汇总分析，尽可能地满足每一个正当合理的需求；进而根据社团的特点和社团一个周期要达成的目标，制定科学规范的管理制度。科学的管理制度包括成员的权利与义务、成员的考勤奖惩和评价机制等。我们深知，社团成员参与社团活动收获如何，数学核心素养是否得到发展，科学而全面的评价机制是关键。而这种评价不单有结果的评价，更应该注重过程性评价。游园式评价、舞台秀评价、情境性评价、满意度评价……这些开放多元评价方法，辅以传统的档案袋式评价和试卷评价，真实客观反映学生在社团活动中的不同收获和对未来的期许，激发和保持学生学习数学的兴趣，发展学生的数学核心素养。

2. 丰富社团活动形式

听学生所想说，急学生之所急。要想使“魔法数学”社团活动开展得好，开展得成功，首要满足的是儿童对新事物的好奇心理，帮助学生打开内涵丰富的数学大门，就此开展形式多样的社团活动，带领学生进入有魅力的数学世界。社团成立之初，我们先设计一些简单有趣的社团活动，培养社团成员对数学的兴趣。如让社团成员收集数学家故事、数学经典题目进行分享；介绍有趣的数学游戏——数独、24 点、华容道、孔明锁、魔方、运算棋、格点图等。我们针对不同年龄层次的学生开展不同系列主题。除了部分基础校本课程外，从学生的兴趣及生活出发，挖掘出一系列与书本相关的延伸。低年级段以操作实践类为主，注重强调学生的“体验”与“感受”；中年级段以数学游戏类为主，充分调动学生学习积极性；高年级段以综合运用类知识体系为主。丰富多彩的社团活动形式，使得低、中、高三个年级段的学生都浸润其中。

3. 延伸核心素养课堂

数学社团活动的主要目标是调动学生学习数学的积极性，发展学生的学习能力和核心素养。当社团活动与课本及考试内容相结合时，一定会取得事半功倍的效果。比如：学习了对称图形之后，我们了解传统民间艺术《窗花“美”在哪》；认识了圆之后，我们了解经典数学家故事《圆周率的前世今生》；学习了东南西北方向之后，我们动手实践绘制我们美丽的校园图；学习了简单的拼搭之后，我们学习小积木大学问《魔方新天地》；等等。社团活动和拓展课程来源于课本，又对核心素养进行深延，既为同学们提供了一个放松大脑、放飞心情的空间，也为他们提供了一个施展才华的舞台。这些活动丰富了校园文化生活，营造了浓厚的校园艺术氛围。学生们在活动中培养兴趣，陶冶情操，开阔视野，锻炼能力，找到自信，发展特长，收获了成功感和幸福感。相信这些活动将有效促进实儿童综合素质的发展。

4. 凸显信息技术融合

怎样才能让信息技术在课堂上发挥更重要的价值？随着网络信息技术的不断发展，信息技术与教学的深度融合被摆在了前所未有的位置。腾讯会议、直播课堂、微信电话……越来越多的新鲜形式在这个时代扑面而来。社团活动打破传统课堂的限制：老师借助平板手指轻轻一划，所有题目的正确率和错误情况瞬间统计出来，快速打造高效课堂；学生借助几何画板绘制函数图形加深对函数图象认知，将抽象变得直观；教师借助希沃软件进行现场组际知识竞赛，营造热烈教学氛围；学生在电子阅览室进行资料收集创作数学小论文，拓展学习时空；学生在家里录制讲题小微课进行分享，变“让我听”为“我来讲”；学生组建 QQ 群、微信群等，以小组合作探究的形成进行项目化主题研究，交换思想，共思共进。在社团课中凸显信息技术融合，可以培养学生对信息技术的兴趣，让学生树立正确的信息技术观念，及时了解和感受信息技术前沿发展及其应用对人类日常生活和科学技术的深刻影响。信息技术与社团活动的融合，使得社团活动如同行驶在高铁轨道上的“复兴号”，其速度和效率令人欣喜，数学社团也更有吸引力。

5. 创新社团活动形式

“魔法数学”社团活动通过“新颖方式激发学生兴趣”“限时在网上抢课”“教师自主设计课程”“动员家长来校授课”等形式，打破了原有限定性课程的局限性，让学生有更多自主选择的空间，进一步促进学生个性发展。社团课的设置以征集“菜单”的形式，进行募集归类，精心设计了“活学加巧用——小魔法师动手系列”“魔法变变变——小魔法师从艺系列”“数学殿堂——小魔法师讲经典系列”“数海拾珍贝——小魔法师项目化学习系列”“走进大师——小魔法师亲近数学家系列”5 大系列共 20 种“套餐”，其丰富的形式和内涵受到各年级学生的欢迎。（图 18）

图 18　今天我给大家变魔法

同时，对于“魔法数学”课由谁来任课，“魔法数学”团队的老师们也是费尽心思。首先，我们希望教授“魔法数学”社团课的老师首先应该是儿童们喜欢的，知识渊博、幽默风趣的，更重要的是能够为儿童带来书本之外的这个世界多渠道、多领域的新鲜知识、有趣知识。于是，除了安排学校资深数学骨干教师担任常驻教师外，家长、校友、社会各界精英人才，都可能成为辅导员。所以，在青年路小学的“魔法数学”社团课里，可以看到银行柜员叔叔、警察叔叔、博物馆讲解员阿姨、气象局阿姨或者自己的爸爸或妈妈，走上讲台，跟自己的伙伴们分享与讲解课内课外天马行空的奇妙知识，是小魔豆们司空见惯的事情。“魔法数学”社团课的开设不仅是数学课堂的补充和提升，更肩负培养学生的学习数学兴趣、发展学生核心素养的任务；不仅为学生学习数学提供学习平台，更为学生展现自我、发展自我提供空间和条件；对于孩子们潜能的开发，视野的拓展，兴趣的培养，以及进一步深化课程改革都具有非凡的意义。“魔法数学”社团课深入人心，受到一年又一年学生的追捧，也给予我们充分的信心，在这条路上进一步创新与尝试。

呈现篇——

课　　例

课例1　点线面的魔法——钉子板上的多边形

【教学目标】

(1) 学生在操作、观察、猜测、验证等活动中，发现在钉子板上围出的多边形与它的边上的钉子数、多边形内部钉子数的关系，会用含有字母的式子表示发现的规律。

(2) 学生在探索规律、发现规律和表达规律的过程中，进一步感受数学抽象的意义，培养比较、分析和简单推理的能力，增强发现问题、提出问题的意识，积累数学活动经验。

(3) 体会数学好玩的学习乐趣，体会数学学习的价值和意义。

【教学过程】

一、观赏魔法，引发思考

1. 观赏魔法

师：(手拿一个钉子板、一根皮筋)同学们，如果给你一块钉子板、一根皮筋，你能做什么？如果在钉子板上围图形，你想围什么图形？(回顾学过的长方形、正方形、梯形、平行四边形等图形)

师：(ppt 显示多个图形)这里有 10 个被盖住了的钉子板上的多边形，它们形状不同，大小也各异。(嘘——)老师最近刚学会了一种魔法，想给大家秀一秀——你任意点开其中一个图形，我一眼就能说出图形的面积是多少！你信吗？哈哈，不信？那咱们现场试一试！

师：我来找一个小助手，谁愿意来帮老师点开？

2. 引发思考

师：(ppt 显示图形)秒算钉子板上的多边形面积，你想拥有这项魔力吗？(生齐声：想！)

师(出示 ppt 引发猜想)：就让我们遵循奥地利数学家皮克的思想脉络，沿着数学巨人的足迹一步步开始今天的魔法之旅吧——首先，第一个问题：钉板上多边形的面积和什么有关？

生：多边形的边长。

师：那在钉子板上，多边形的边长是由什么决定的呢？

生：多边形边上的钉子数、多边形内的钉子数？

师：(板书)多边形内的钉子数、多边形边上的钉子数。

师：这样吧，为了研究方便，(我们这个单元才学过用字母表示数)咱们能不能用一个字母表示多边形边上的钉子数(板书：b)，用一个字母表示多边形内的钉子数(板书：n)，那多边形的面积就用我们的老朋友 S 来表示。(板书：三个字母)多边形的面积究竟和多边形边上的钉子数、多边形内的钉子数有关吗？n、b 和 S 之间究竟有什么关系呢？(板书：钉子板上的多边形)

二、自主研究，探究魔法

(一) 初探魔法(探究内点为 0、1、2 的多边形面积)

1. 出示魔法锦囊，明确魔法任务

师：要想从纷繁复杂的图形中探究出其中蕴含的规律，可不是一件容易的事啊。它对数据有着严格的要求(ppt 出示：数据)，谁来说一说，要想助我们的探究一臂之力，对数据有着什么样的要求？

生：准确。

师：这就要求我们？

生：数准、记准、算准。

生：数据多，个例丰富。

师：(拿出魔法锦囊，打开)好嘞，老师给每组都准备了这样一个锦囊。锦囊里放了什么呢？咪哩嘛哩锦囊打开，这么多图形啊。还有一个表格，帮助我们记录和观察。你会一边数数一边记录吗？

师打开一个钉子板照片，带领大家边数边填表。

师：(出示魔法任务1)方法学会了吗？赶紧看看我们的第一项任务吧！同桌两人合作完成。

★题：数一数，算一算，填一填，完成表格。

★★题：你能尝试给表格中的数据进行分类，找到多边形的面积与多边形边上以及内部钉子数的关系，并尝试用含有字母的式子($S=\cdots\cdots$)表示出来吗？

★★★题：再举一些例子(用上钉子板)丰富自己的验证。

师：明白你的任务了吗？还等什么，快开始吧！

2. 探究规律

(1) 收集数据。生把自己的数据贴在黑板上，贴成表4。

表4　按图形序号排列的数据

图形	多边形内的钉子数	多边形边上的钉子数	多边形的面积
1号	2	10	6
2号	2	9	5.5
3号	1	4	2
4号	0	4	1
5号	1	6	3
6号	0	5	1.5
7号	1	8	4
8号	0	18	8
9号	2	8	5

(2) 尝试分类并写出字母表达式。

师：解决完☆题题目，我们现在向☆☆题发出进攻了，我的小福尔摩斯们，你们对分类有什么思路了吗？

生1：我们把里面的9个图形分成了这样的三类：第一类有4，6，8；第二类有3，5，7；第三类有1，2，9)

师：也想到这样分的举手。为什么大家都选择从“多边形内的钉子数”这个角度进行分类？

生：多边形边上的钉子数看不出有什么规律，但多边形内的钉子数要么为0，要么为1，要么为2。

师：很好！找到事物相同的属性是分类的好思路。有了思路，我们继续思考下去。你发现多边形面积 S 的规律了吗？

生：当 $n=1$ 时，多边形的面积等于边上钉子数除以2；当 $n=0$ 时，多边形的面积等于边上钉子数除以2再减1；当 $n=2$ 时，多边形的面积等于边上钉子数除以2再加1……

师：哈哈，有些同学表示赞许，有些同学皱起了眉头，有些同学们听得眼神都打结了。偷偷告诉你们一个小秘密，我们的卡片会移动。快，到黑板上，让我们的卡片动一动，把多边形内钉子数一样的图形放在一起吧！（表5）

表5　调换位置后的数据

图形	多边形内的钉子数	多边形边上的钉子数	多边形的面积
4号	0	4	1
6号	0	5	1.5
8号	0	18	8
3号	1	4	2
5号	1	6	3
7号	1	8	4
9号	2	8	5
1号	2	10	6
2号	2	9	5.5

师：“这下能看出规律了吗？谁来指着板书说说你的发现？字母表达式应该是什么？”

生：我发现当 $n=0$ 时，$S=b\div2-1$。

$n=1$ 时，$S=b\div2$。

$n=2$ 时，$S=b\div2+1$。

师：这真是水到渠成啊。掌声送给善于思考的孩子。

(3) 举例验证。

师：☆☆☆题，还有谁能在钉子板或点子图上举出其他的例子验证自己的结论吗？

生同桌两人交流，每种情况各举一个例子，互相说一说。

3. 引导反思

师：同学们，你觉得刚才整个过程，哪些地方我们做得特别好？

生：分类（化繁为简）、列表（清晰明了）、多举例（不完全归纳）。

（二）再探魔法（探究多边形内点数为 3、4 的多边形面积）

（1）师：（ppt“魔法任务 2”）如果多边形内的钉子有 3 个、4 个……它的面积与其边上钉子数的关系会怎样变化？

（2）引导操作方法。

师：你打算怎么操作？（围一围，算一算）

师：得注意什么？（数准确，尽可能多举例）

师：有什么办法可以提高效率？（先自己围，然后小组放在一起探究）。打开任务单，一边研究一边将自己的过程记录下来。

（3）学生汇报。

$n=3$ 时，$S=b\div 2+2$。

$n=4$ 时，$S=b\div 2+3$。

……

师：同学们太了不起啦。钉子板上多边形面积里面隐藏的奥秘就被你们这样一道道简单的公式说得清清楚楚。你们太棒啦！

三、总结与反思

（1）认识皮克定理。

师：（ppt 出示皮克定理）我们今天研究的规律，就是数学上著名的皮克定理。虽然用的字母可能不同，但我们已经开始追赶科学家们的思想了。为同学们今天的精彩表现送出热烈的掌声！

（2）师：回顾今天的探究学习过程，你有什么体会？

（多举例验证自己的结论，用字母表示公式表示规律，简单易记）

师：课后思考，能不能把内部钉子数 b 也代入式子，成为更具概括性的一个字母式子呢？

课例 2　探索没有尽头——神奇的莫比乌斯带

【教学目标】

(1) 创设魔法情境，让学生认识莫比乌斯带，学会将长方形纸条制成莫比乌斯带。

(2) 在探究发现并验证莫比乌斯带背后原理的过程中，培养学生大胆猜测、勇于探究的科学方法和求索精神。

(3) 在莫比乌斯带魔术般的变化中感受数学的无穷魅力，拓展数学视野，进一步激发学生学习数学的兴趣，培养学生良好的数学情感。

【教学过程】

一、观赏魔法

1. 观赏魔法

观看微课《神奇的莫比乌斯带》。

师：为什么无论怎么读结果都是“放掉农民关押小偷”？这神奇的纸圈究竟长什么样子？

生畅所欲言，畅谈感受。

师：课前老师给同学们发了 3 张有魔力的长方形纸条，今天我们就用这些纸条来学习新知识。

2. 体验魔法

师：(演示)先做成一个普通的纸圈，然后将一端翻转 180 度，再用胶带粘牢。这样就完成了只有一个面一条边的纸圈。

学生自己尝试，小组合作互相帮助。

师：你们知道这样的一个纸圈叫什么名字吗？它是德国数学家莫比乌斯在1858年偶然间发现的，所以就以他的名字命名叫“莫比乌斯带”，也有人叫它“莫比乌斯圈”，还有人管它叫“怪圈”。（图19）

板书课题：神奇的莫比乌斯带。

图19 莫比乌斯带

二、探究魔法——制作莫比乌斯带

1. 初探魔法——1/2剪

师：（出示一个普通纸圈）莫比乌斯带到底有多神奇呢？下面我们就用“剪”的方法来研究。如果沿着纸带的中间剪下去，莫比乌斯带会变成什么样呢？

生动手剪，明确普通纸圈剪开变成两个分开的纸圈。

师：（拿出莫比乌斯带）这是莫比乌斯带，我们也用剪刀沿中线剪开。同学们猜一猜会变成什么样子？（启发学生想象力）请同学们自己施展下魔法，动手验证一下。（1/2剪莫比乌斯带）

生：（惊奇地）变成了一个更大的圈。

2. 二探魔法——1/3剪

师：先画出三等分线，中间部分涂色，再做成一个莫比乌斯带。如果我们要沿着三等分线剪，猜一猜，与上次有什么相同与不同呢？要剪几次？操作后交流：剪的时候发现了什么？结果会是怎样的？

生：一个大圈套着一个小圈。

观察并研究：大圈和小圈都是莫比乌斯带吗？小圈就是原来长方形纸

条的哪一个部分？

三、创造魔法——自主玩

我们刚才将纸条拧180度，接着粘、剪，变成了神奇的纸圈，就像在变魔术一样。你还能想出其他玩法吗？

四人小组玩。教师巡视，加入。

这个过程中，有的学生可能用四分之一剪，也可能将纸条一端拧360度等，无论是成功还是失败，教师都适时给予指导和鼓励。

四、揭秘魔法

师：现在你知道聪明的捕快最终能放掉穷人而抓住小偷的原因了吗？

师播放ppt动画演示，学生交流。

五、体会魔法妙处

师：明白了捕快的奥秘，我们是否会思考——它只是好玩吗？生活中哪些地方有莫比乌斯带？你还知道它有哪些用处？

生：学校打印机的色带，录音机，过山车，米面加工厂里的机器皮带等。

师ppt播放生产生活和艺术建筑等领域的莫比乌斯带的应用。

六、创造魔法

课后作业：秦少游的回文诗《赏花》："赏花归去马如飞，去马如飞酒力微。酒力微醒时已暮，醒时已暮赏花归。"请用莫比乌斯带做出来，反复朗读。

课例3　小魔豆大闯关——一笔画魔法

【教学目标】

(1) 掌握一笔画，能利用“一笔画”的数学问题解决实际问题。

(2) 通过探究“一笔画”规律的过程，建立解决问题的数学模型，培养科学严谨的思想方法。

(3) 通过“一笔画”问题及其结论的了解，扩大学生知识视野，激发学生学习兴趣。

【教学过程】

一、新课导入

师：这是迪士尼乐园各个好玩的地方，我们要怎样才能不重复不遗漏地游览每个地方呢?

生：我们需要购买路线图。

师：是的，路线图帮助我们高效地进行了游玩。你们瞧，老师画的是什么？怎么画的?(板书演示一笔画小猴)(图20)

生：小猴是一笔画成的。

师：什么是一笔画呢？一笔画是指笔不离开纸，而且每条线都只画一次不准重复而画成的图形。迪士尼的路线图正是运用了这个知识，今天大家一起学习一笔画的问题。(揭示课题，板书)

图 20　老师一笔画成的小猴

二、魔法探究

1. 认识单数点、双数点

师:(ppt 演示)在学习新知识之前,我们的卡通小魔豆“路路”要给大家普及一个小知识。单数点:指从一点出发的线的条数是单数的点,也叫奇点。双数点:指从一点出发的线的条数是双数的点,也叫偶数点。

2. 小组合作,探究一笔画图形的特点。

师:今天小魔豆“路路”还给同学们带来了魔法锦囊,里面装了 6 个可以一笔画的图形,你们有信心接受小魔豆给你们的挑战吗? 小组长领取任务单,按要求合理分配任务。

★题:尝试一笔画出 6 个图形(用红圈表示起始点,用蓝圈表示终点),并填空。

★★题:尝试把它们分成两类并贴在学习单上,说一说每一类有什么特点。

★★★题:尝试总结一下什么样的图形能够一笔画出。

小组完成后,先组内自评互评(根据任务的不同难度累加★)再小组汇报。(表 6)

表 6　组内自评表

	观点正确	表达清晰	善于质疑、补充或总结
自评			
他评			

学生汇报交流，达成共识：一笔画的图形分为两种情况。图形中全是双数点，从任意一个双数点出发又回到这个双数点。只有两个单数点，从一个单数点出发又回到了这个点。

三、秀魔法

1. 魔法试练场

师：小魔豆学习完一笔画魔法，迫不及待要去拯救公主，老魔法师拦住了他，说要先去魔法试练场获得实战经验，获得神圣装备，才可以去拯救公主。同学们，故事中的“七桥问题”是不是可以运用一笔画魔法来解决呢？

师：每幅图中各有几个奇点和偶点？能否一笔画出？

生：图1有4个奇点、1个偶点。图2有8个奇点。图3有6个偶点，全是偶点，所以第3幅图可以画出。

师：五角星图能否一笔画成？如果能，应该怎么画？

指出：五角星是全偶点图形，可以画出。

小魔豆顺利地完成了魔法试练，获得了魔法套装。

2. 拯救公主大闯关

师：小魔豆来到了一笔画黑暗魔法城堡的广场，但是黑暗魔法城堡大门紧闭。门前有一段提示，必须从大门出发，然后触动五根柱子上的机关，要求不重复地走过所有的道路，再回到大门。小魔豆要怎样做呢？(图21)

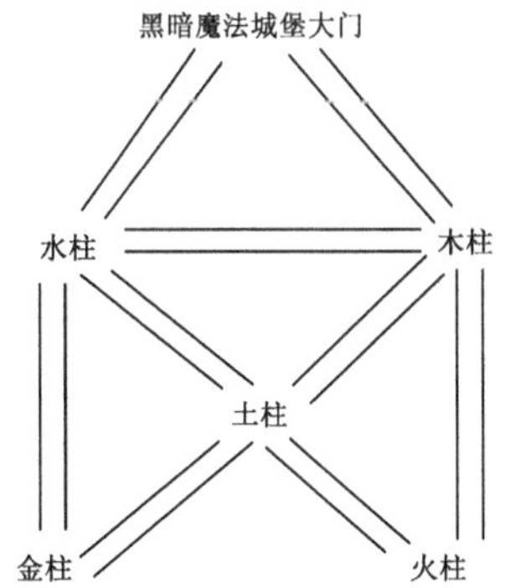

图21 黑暗魔法城堡地图

师:因为是全偶点,所以从黑暗城堡大门出发,最后在大门结束。这是关于全偶点一笔画的知识点考察,自己试试看!

生展示交流,生生、组组互评。

师:小魔豆进入城堡一层,被魔法女巫拦住了去路。小魔豆前方出现了魔法屏障,屏障前出现一道题目,要求小魔豆施展一笔画魔法完成。(图 22)

图 22　屏障图

师:独立思考完成,举手回答问题,其他同学可以质疑补充。

生交流明确:因为全是偶点,所以可以从图中任意一点开始画,再到这一点结束。

师:小魔豆进入城堡二层,黑暗骑士从天而降。小魔豆和黑暗骑士比赛跑步,但两人速度旗鼓相当,要跑遍迷宫所有的路线,最后都要回到魔法水晶(C)。如果要选择最优的线路,小魔豆要选择 A 点还是 B 点出发呢?(图 23)

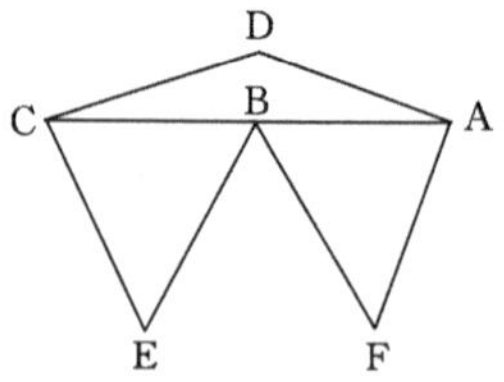

图 23　迷宫路线图

生汇报交流,生生、组组互评。

师:小魔豆要选择 A 点出发,路线最优。这是关于仅有 2 个奇点一笔画知识点的考察。你会吗,自己试试看。

师:小魔豆进入城堡三层,黑暗护法霸气闪现。小魔豆要和他比赛射击,在 10 个地点分别击中目标,要一次完成,不走重复路,应该怎样走合适?(图 24)

师:这是关于仅有两个奇点的一笔画问题,可以从一个奇点走出,到另一个奇点结束,自己先试一试。

生独立思考完成,举手回答问题,其他同学可以质疑补充。

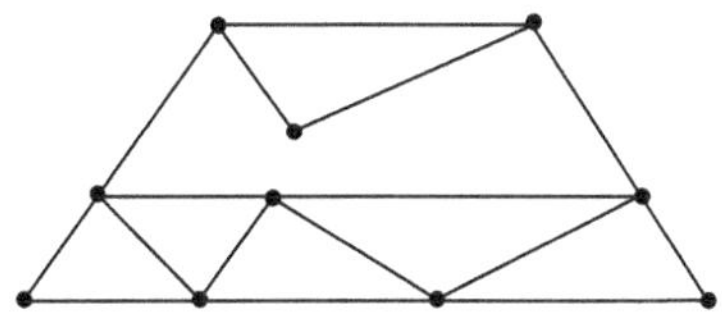

图 24　射击图

经过重重阻拦，小魔豆终于来到了城堡顶层，公主被囚禁在这里，黑暗魔法城主出现了。

3. 创编魔法

师：请同学们利用所学的一笔画知识自创一道魔法题，帮助小魔豆一起击败敌人吧！

学生先小组讨论、动手设计，再全班汇报展示。

师：感谢大家帮助小魔豆施展出终极魔法，击败黑暗魔法城主，拯救出公主，被国王授予魔法王国“神圣魔法师”的称号。

四、全课总结

师：同学们，通过今天的学习，你有什么收获？

生：如果图形只有偶点，可以一笔画成。并且可以以任意一点为起点，同时以这一点为终点。

生：如果图形有且只有两个奇点，也可以一笔画，但必须以这两个点分别作为起点和终点。

生：如果图形的奇点超过两个，则不能一笔画画出。解决一笔画问题，要先标出奇偶点。

师全课总结，及时给予魔豆奖励，最后学生在魔法任务单上自评。

课例4　小扑克大学问——巧算24点

【教学目标】

(1) 理解24点游戏的规则，掌握24点游戏的运算技巧。

(2) 操作实践算24点的扑克游戏，巩固加强有理数的四则运算能力。

(3) 寓教于乐，培养合作精神和创新意识，激发学生对数学学习的兴趣。

【教学过程】

一、观赏魔法，激发兴趣

1. 观赏魔法

组织学生观看算24点比赛的视频。

师：有没有同学知道他们玩的什么游戏？视频中是中央电视台一个很有名的电视节目，叫《开心辞典》，里面这一道必答的数学题叫24点。

2. 激趣揭题

师：速算24点是一种数学游戏，它简单易学，健脑益智，流行于世界各地，是朋友聚会时常见的娱乐项目。它可以组织多人竞赛，也可以两人用扑克牌玩，即便是一个人时也可以自娱自乐一番。在交通堵塞时，利用车牌上的数字和字母进行运算，也是解闷的一个好方法哦！

二、讲授新知，揭秘魔法

1. 了解规则

师：24 点游戏的规则大家知道吗？

生：4 个整数，填上运算符号和括号，使运算结果等于 24。

视频播放小魔豆“青青”的讲述：速算 24 通常是使用扑克牌来进行游戏的，一副牌中抽去大小王后剩下 52 张，任意抽取 4 张牌（称为牌组），再利用加、减、乘、除（可加括号）把牌面上的数算成 24，每张牌必须且只能用一次。

2. 了解速算 24 的常用方法

师：了解了算 24 点的规则，你知道常用的方法有哪些吗？其实，最关键的灵魂问题就是——凑数。板书：凑。

(1) 利用两数之积求解。

常用方法：见 3 凑 8（见 8 凑 3）、见 4 凑 6（见 6 凑 4）、见 2 凑 12（见 12 凑 2）。

(2) 利用两数之和求解。

常用方法：$2\times10+4$，$15+9$，$21+3$，$14+10$，等等。

(3) 利用两数之差求解。

常用方法：$5\times5-1$，$5\times6-6$，$4\times10-16$，$5\times7-11$，$8\times10-56$，等等。

每个例子学生任选其一，进行独立探究交流，然后上台讲解分享。

3. 初探魔法

师：知道了方法，那下面我们一起来看一下例题。请用 8、4、2 算出 24。

学生举手抢答，师适当补充。

跟进练习，难度提升。生独立完成后，让生一一汇报自己的解题思路。

4. 解密魔法

师：小魔法师们，通过上面的例题，你能总结一下计算 24 点的方法吗？

师引导，学生讨论汇报。

师播放 ppt，展示除了常见的凑数法，还有先乘后加法、先乘后减法、消去法、会意法、上天法、入地法、化除为乘法，等等。（内附例子）

三、巩固运用，实践魔法

1. 魔法大比拼

同桌同学比一比，看谁最先算出 24 点。

2. 魔法星秀台

限时回答。全班同学比一比，看谁算出 24 点的方法最多。

四、创编魔法

师：终极自创魔法，请同学们自己出 5 道 24 点题目，和同学一起比赛看谁做得更好。

学生充分交流展示，最优同学可以获得 2 颗小魔豆，其他同学可以获得 1 颗小魔豆。

五、全课总结

师：同学们，通过今天的游戏，谁来谈谈你有哪些收获？

生发表自己的收获和感受。

师总结全课：计算 24 点方法很重要，尤其揭秘中的凑数法，超半数的时候都可采用此法。你知道吗？算 24 点，不是所有的一组牌都有解。常见的 4 张一组牌，约有 72%的组牌有解，且有多组。经常练习 24 点，可以提高我们的计算速度和正确率，增加自己的自信心。

课例5　生活魔法——包装的学问

【教学目标】

(1) 知识与技能目标:结合“魔法数学”的教学模式了解不同的包装方法,计算表面积,并比较出最节省的包装方法,体验策略的多样化,发展优化思想。

(2) 过程与方法目标:在创设的“魔法”情境中,发展动手操作能力和空间想象能力,培养积极思考、探究规律的能力,能用不同的方法解决简单的实际问题。

(3) 情感态度价值观目标:渗透节约意识,了解包装的学问在生活中的应用,体会数学与生活的联系,提高学习数学的兴趣。

【教学过程】

一、创设情境,引入新课

师:播放图片,出示常用的生活用品包装盒。

师:同学们,刚才看到的是生活中常见的包装。其实呀,包装在我们的生活当中应用非常广泛,外表亮丽、便于携带的包装总是最先吸引我们的注意,那么怎样包装最漂亮,怎样包装便于携带,怎样包装最节约包装纸……这些都是学问,今天这节课,我们就从节约的角度来研究一下包装中的学问。

二、组织新课，探究新知

1. 观赏魔法

（自主探究，明确求磁带的包装面积就是求磁带，盒的表面积）

师：老师现在很想知道，如果要包装这盒磁带，至少需要多少包装纸？（接口处不计）

学情预设：学生可能会用(长×宽＋长×高＋宽×高)×2 的方法解决所求问题，因为学生已有这样的学习经验。

师：听了大家精彩的发言，老师知道：至少需要多少包装纸的问题，就是求磁带盒表面积的问题。（出示课件，师强调接口处不计）

2. 初探魔法

（合作探究，发现 2 盒磁带最节省包装纸的方法）

师：解决了 1 盒磁带的包装问题，现在要把 2 盒磁带装成一包，会有几种不同的包装方案？

师：利用手中的磁带和你的同桌一起拼一拼、摆一摆，看看有哪几种不同的包装方案？（接口处不计）

师：请一个小组上台展示研究成果。

师：你们组有多少种不同的包法呢？

生：3 种。

师：说得真好，我们得到了 3 种包装方法，分别是大面重合、中面重合、小面重合。（图 25）

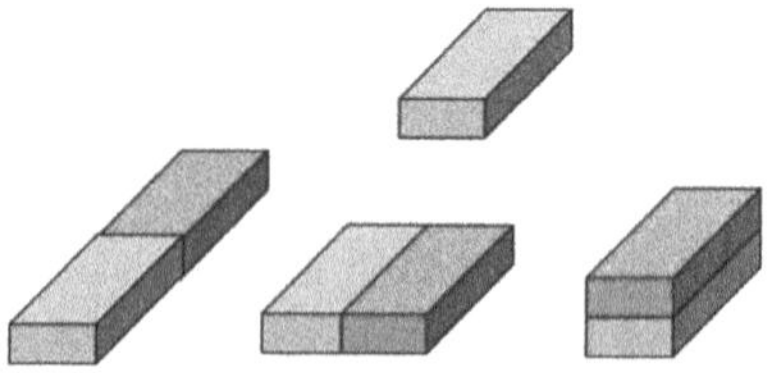

图 25　3 种包装方法

师：对于这 3 种包装方法，猜猜看，哪一种最节省包装纸？

师：猜测是科学发现的第一步，但是既然是猜测，我们就要怎么样？（板

书：验证）

师：怎么验证你们的想法是否正确呢？

生：在学习小组中再次拼一拼、摆一摆，并进行必要的计算。

师：好，大家看看这盒磁带的长、宽、高，用你喜欢的方法开始计算吧，看谁算得又对又快。

生用不同的方法进行计算。

学情预设：学生可能会出现两种不同的计算方法。

① 一盒磁带的表面积×2－重叠面积×2。

② 求出包装后新的长方体的长、宽、高，再利用表面积公式来计算。

师将不同的方法在展台展示，并引导学生选择最佳策略解决所求问题。

师指名发表观点。（引导学生重点说一说用了什么方法进行验证，得到了怎样的结论）

师：刚才我们通过大胆的猜测和有效的验证，获得了新的数学知识。（板书：重合的面积越大，表面积越小，就越节约包装纸。重合的总面积最大，最节约包装纸）（表7）

表7　两盒磁带的包装方法

重合面	计算表面积	包装纸/立方厘米
小面重合图(1)	(20×7+20×2+7×2) (10×7+7×2+10×2)×2×2－7×2×2	388
中面重合图(2)	(14×10+14×2+10×2)×2 (10×7+7×2+10×2)×2×2－10×2×2	376
大面重合图(3)	(10×7+10×4+7×4)×2 (10×7+7×2+10×2)×2×2－10×7×2	276

3. 揭秘魔法

（学有所思，畅想3盒磁带最节省包装纸的包装方案）

师：老师要把3盒磁带包成一包，有哪些包装方案？（课件）

生各抒己见。

师：哪一种方案最节省包装纸呢？

学情预设：学生可能用语言叙述，也可能用算式表达。（只要是正确的，

教师都要给予肯定）

4. 二探魔法

小组合作：如果把 4 小盒磁带盒包装成一大盒，怎样包装才最节约包装纸？为什么？

生汇报几种不同的包装法，交流每一种是哪些面重合。展示台展示学生思维成果。（图 26）

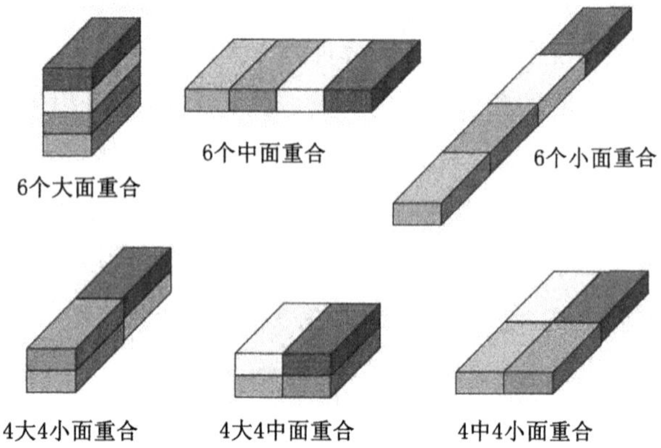

图 26　4 盒磁带盒包装

三、运用魔法，拓展创新

师：走进生活，走近包装。如果把 4 个这样的纸巾盒包装在一起，怎样包装最节约？（长 、宽、高分别为 20 厘米、10 厘米、8 厘米）每种包装的长方体的表面积与它的长、宽、高的和之间有什么关系？

明确：在包装问题中，当所包装的长方体的长、宽、高相等或最接近时，表面积最小，最节约包装纸。

四、全课总结，拓展延伸

1. 回顾收获

师：回顾一下，今天我们在"魔法数学"王国中学习了什么？

师：包装这个小问题，学问可真不少，在实际生活中、在包装的过程中还要考虑什么因素呢？（要留出接头处、美观、便于携带等）。大家考虑得很全面，有兴趣的同学还可以深入研究一下关于包装的学问。

2. 课后延展

师：为 4 个相同的长方体盒子设计包装方案。自选模型，自主测量，设计方案。看看哪种方案最节省包装纸。

课例 6　经典谜题——奇妙的斐波那契数列

【教学目标】

(1) 结合“魔法数学”的教学模式使学生认识“斐波那契数列”及其部分特性，解决著名的兔子问题。

(2) 在创设的“魔法”情境中，让学生在经历感知、分析、归纳和应用的过程中培养思维能力，会利用从易入难的数学思想解决问题，培养良好的思维品质。

(3) 在知识结构不断拓展、能力不断提升的过程中，感悟数学文化的广袤和久远，培养积极的数学阅读习惯，形成积极的数学情感。

【教学过程】

一、谈话导入

师：古人云“有朋自远方来，不亦乐乎”。今天老师想介绍一位 800 多年前的数学家，并带领大家来解决一个很有名气的数学问题，据说它的发现曾激起一个民族的数学学习热情，究竟是怎样的问题有如此魅力，想了解吗？今天我们就一起来学习课外阅读资料——斐波那契数列。(出示课题)

二、探究新知

1. 观赏魔法(了解斐波那契)

师：知道斐波那契是一个什么样的人吗？(生：数学家)真棒！我们一起

来读一读关于他的资料。(学生阅读)

2. 初探魔法(初步了解斐波那契数列)

(1) 阅读人文背景。

师:斐波那契先生发现了一个数列——斐波那契数列,那你们知道斐波那契数列是一个什么样的数列吗?

师:不知道?没有关系,我们一起来读一读阅读资料。

(学生阅读)

师:从这段话中你了解到什么?

生谈对意大利比萨与阿拉伯数字的了解。

(2) 出示兔子问题。

师:斐波那契先生的《算盘书》里提出了一个有趣的兔子问题,我们一起来读一读这个有趣的兔子问题。

师:读懂了吗?有人能解释一下这个问题吗?

师:不明白?没有关系,俗话说“书读百遍,其义自见”,我们再读一遍。

(3) 用从易入难的数学思考方法解决问题。

师:看来这个问题有点难,遇到难题怎么办?

师:遇到难题我们也不能放弃,不能绕道,当然也不能硬拼。遇到难题老师就想起了一个人,他说过一句话对我们解决难题很有帮助!那就是老子,一个大思想家,一个大智者。他说过“天下难事必做于易”(板书),知道这句话的意思吗?

师:对,就像你理解得这样,我们解决问题从容易的地方入手!

3. 揭秘魔法(探究斐波那契数列)

(1) 小组合作探究。

师:那对这个问题,同学们认为,是第10、11、12个月容易一些呢?还是第1、2、3、4、5个月容易研究一些呢?

师:那我们就从1、2、3、4、5月开始,小组合作研究。你可以用文字描述每个月的兔子的状态,也可以画图、列表描述,然后解决这个问题!

学生合作探究,组内交流。

师:我们一起来看看大家的研究成果!

(2) 各种方法解决兔子问题。

师:我们一起来研究一下兔子的变化状况!用实物展示每个月兔子的

状况！（将剪好的兔子在黑板上贴出）并请同学们解释每对兔子的来历！

师：到第6个月的时候已经没有那么多的兔子贴了，你能告诉我第6个月有多少只兔子吗？

发现规律：1，1，2，3，5，8，13，21，34，55，89，144。

一年以后会有144对兔子！

师：你们怎么这么快就得到结论了呢？

生：因为我们在前几个月中发现了规律，然后只要按照这个规律去找就很简单了。

师：看出其中的规律了吗？

师：这个数列还有个有趣的名字，叫作“兔子数列”。它的特征就是：在一个数列中，从第三项起，每一项是前两项之和。

4. 小结方法

师：同学们很棒！学到这里让我们再来回忆一下整个探究过程，我们是怎么解决这个问题的？

生畅所欲言。

师：是的，从容易的地方入手，发现规律，然后运用规律，解决难的问题！（板书）这就是我们在数学中经常用到的一种数学思想。你学会了吗？

三、知识拓展与延伸

（1）观察斐波那契数列，发现斐波那契数列的特征。

师讲述：斐波那契数列在它诞生的800年间，由于它包含着太多的奥秘，由于它的神奇，引来无数的“斐迷”。他们不仅仅在数学领域研究它，更有人从自然领域、化学领域和科学领域去探究它的奇妙。

（2）观察大自然中的斐波那契数列。

师启发：瞧！在自然界中螺线、花瓣、树枝、松果、向日葵中都能发现斐波那契数列，这究竟是一种巧合，还是存在着某种必然？这些都有待于我们继续思考、继续探索……

（3）说一说你的感悟。

生：敬畏大自然，保护大自然。

四、全课总结

师:回顾一下,今天在魔法数学王国中你有哪些收获?

课例7　生活魔法——奇妙的图形密铺

【教学目标】

（1）知识与技能：在创设的“魔法”情境中，了解生活中的密铺现象，使学生通过铺一铺、摆一摆等实践活动，探索哪些平面图形可以密铺，在操作的过程中感受密铺的特点。

（2）过程与方法：在探究规律的过程中培养学生的观察、猜测、验证、推理和交流的能力。

（3）情感态度与价值观：通过欣赏密铺图案和设计简单的密铺图案，使学生体会到图形之间的转换，充分感受数学知识与生活的密切联系，经历欣赏数学美、创造数学美的过程。

【教学过程】

一、观察与理解

1. 观赏魔法

师：（出示ppt）同学们，请欣赏这些美丽的图片（图27）。

师：看了这些照片，你有什么感受呢？

2. 初探魔法

师：我们再来仔细看看这些图片，能看出这些美丽整齐的地面和墙面都是由哪些图形铺成的吗？

师：铺的时候，图形和图形之间有什么要求呢？（板书：无空隙、不重叠）

图 27　生活中的密铺

师:像这样,无论什么形状的图形,如果能既无空隙,又不重叠地铺在平面上,这种铺法在数学上就叫作密铺。(出示课件)

师:读完这一句,你是怎么理解密铺的?带着你对密铺的理解,你认为下面的三幅图都可以看作是密铺吗?为什么?

师:看来,要把平面图形铺成"密铺",最关键的是什么?

生:无空隙、不重叠。

师:那么在生活中,你们见到过密铺的现象吗?跟大家交流一下。

师:的确,密铺就在我们的身边,它美化和装饰着我们的牛活,今天这节课我们就一起进入神奇的密铺世界。(揭示课题)

二、操作与探索

1. 揭秘魔法(一种平面图形的单独密铺)

师:虽然说我们的新学校已经投入使用了,但是很多的教室地面还没有铺地砖,文化墙还是空白的,其中也包括我们的新教室。你们想自己动手来装扮我们的新教室吗?我们先来看看地面吧。现在有如下形状的地砖(出示平行四边形、梯形、正三角形、圆形、正五边形等图形),如果让你选择,你想选择哪一种地砖?

学生自由选择。

师:猜猜看,你选择的图形能密铺吗?用什么方法验证你的猜测呢?

生:动手铺铺试试看。

师:这确实是一个好方法。我们按这个方法来验证,请同学们按下面的要求动手铺一铺。

课件出示活动要求：

(1) 小组合作，每人选择一种图形铺一铺。

(2) 想一想铺的过程中要注意什么。

(3) 将铺的结果在小组里交流。

学生操作。已经铺好的同学在小组里交流一下铺的结果。

师：哪些图形能密铺？哪些图形不能密铺？你是怎么铺的？

生：三角形可以密铺。

生：圆形不能密铺。

生：三角形、四边形、正六边形可以单独密铺……

2. 二探魔法(两种平面图形的组合密铺)

师：刚才我们通过实践发现，如果只选一种图形铺，有的图形可以单独密铺，例如平行四边形、梯形、三角形，而有的图形不能单独密铺，像我们刚才说到的圆和正五边形。可是老师在生活中也见到过圆形和正五边形的密铺图案哦。

课件出示正五边形和另一种图形的密铺图案。(图 28)

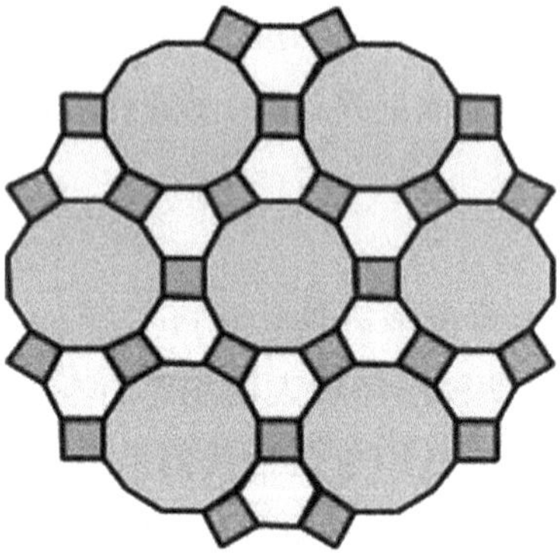

图 28　组合密铺

师：这里的正五边形为什么又能密铺了呢？

生：因为中间有一些正方形将空隙铺满了。

师：那刚才的圆能不能和另一种图形搭配进行密铺呢？

生交流意见，达成共识。

小结：看来，如果一种形状完全相同的图形不能密铺，只要配上了另外一种或几种图形，将中间的空隙填满就可以密铺了。

3. 创编魔法

师：同学们想不想也试试用几种图形来进行密铺呢？那就要请出我们的好朋友——七巧板。

师：这是什么？它是密铺图形吗？由哪些图形密铺而成的？你能像这样（课件出示两幅作品）用七巧板中的任意两种图形进行密铺吗？

学生分小组活动，尝试用七巧板中的两种图形进行密铺。（请1名学生上台演示）

教师参与学生活动，并与学生交流。

教师组织反馈，展示学生作品，师生共同评价。

三、巩固运用，创作与欣赏

1. 欣赏魔法——生活中密铺设计图案

师：同学们能用两种不同的图形进行密铺，真了不起！

师：其实在我们的日常生活中和自然界中都有一些密铺图案，我们一起去看看吧。

2. 创编魔法——设计密铺图案

师：看了这么多美丽的图片，你想不想也来设计一幅作品呢？正好我们的新教室后面的文化墙还是空白的，让我们一起来当“设计师”，给我们的文化墙设计一个美丽的背景图案吧。

学生需要的图形可以从“图形”工具栏里面选择。

教师巡视，并对学生的创作进行必要的指导，请1名学生上台现场制作。

教师组织反馈，师生共同评价。

四、回顾与总结

师：回顾一下，今天我们在“魔法数学”王国一起研究了图形的密铺，你有什么收获？

生：有的图形可以单独密铺，而有的图形不能单独密铺，但是不能单独密铺的图形可以配上另一种图形，将空隙填满，也可以进行密铺。

师：在我们的生活中也有很多这样美丽的图案，大家在学习和生活中，要不断地用眼睛去发现美、用心灵去感受美、用智慧去创造美。

课例8　不算不知道系列——猜猜头发有几根

【教学目标】

(1) 学生根据已有知识，利用三位数乘两位数和长方形、正方形面积公式求得头发的数量。

(2) 学生能够结合具体的情境进行数据的取舍，提高准确估算的能力，提高团队合作、动手操作、探究、概括、推理等能力。

(3) 体验“魔法数学”有趣、数学好玩的积极学习情感。

【教学过程】

一、探究魔法

1. 故事引入

师：(播放故事)因为阿凡提实在太聪明了，把皇帝的风头都给抢光了，皇帝就刁难他：“爱卿呀，天上的星星有几颗啊?”怎么问这样的问题呢，分明是坑人嘛。大家都为阿凡提捏了把汗，没想到阿凡提不紧不慢地说：“我的陛下，天上的星星跟您的头发一样多。您的头发有多少根，天上的星星就有多少颗。”好一个巧妙的回答！皇帝哑口无言，也只有哑巴吃黄连，有口说不出了。难道真的是要把皇帝的头发扯下来一根一根数吗？这个问题大家能帮助皇帝解决吗?

2. 探究魔法

师：(出示课题——头发有几根)同学们先来猜一猜，你的头发大概有几根，看谁猜得最准确。

板书：1 万根，5 万根，10 万根，50 万根，100 万根，1000 万根，1 亿根……

师：头发到底有几根，你觉得一根一根地数科学吗？我想你就是有三头六臂，花费九牛二虎之力，一天到晚不停地数，肯定会累得筋疲力尽，那么大家能想出什么更好的办法吗？大胆地想。

生：全剪下来数数毛孔就知道了，一根头发对应一个毛孔呀。

生：发明一种像银行点钞机一样的机器，过一遍就数出来了！

师：这些好像都是想象中的，有没有更切合实际的方法？

生：先把头发平均分成 2 份，然后再把其中的一份分成二等份，再把其中的一份分成二等份，依次类推，我们一共等分了 8 次，最后的一束头发大约有几根，我们就用这个数字$\square \times 2 \times 2 \times 2 \times 2 \times 2 \times 2 \times 2 \times 2$，就可以算出头发的根数了。

生：先测出 300 根头发的面积（平方厘米），再测出头发的总面积（平方厘米），就可以算出有几根头发了。算法是：假设 300 根头发的面积是 2 平方厘米，头发的总面积共有 400 平方厘米，则有头发 $400 \div 2 \times 300 = 60000$（根）。

生：先数出 1 平方厘米有多少根头发，然后再测出头皮有多少面积（平方厘米），就可以算出有几根头发了。

生：1 平方厘米的根数×头皮面积＝头发总根数。

3. 合作探究

师：以上哪种方法最合适？请四人小组合作选择合适的方法完成阿凡提的问题。

师：如此细致的工作，我们要先进行明确的分工。怎样分工才能高效完成任务？

生小组讨论确定分工，全班分享。

(1) 选一人（女生）作为被数的对象，这个人要有耐力（坐如钟），不能动。

(2) 另外两人选好头发：要选疏密恰当的位置，合作量好边长为 1 厘米正方形的头发，捏成一束，并仔细数出来。

(3) 再测量头皮面积，那怎么测量呢？我们学过长方形面积计算，把头皮区域分割成几块近似的长方形，再计算出总面积。

(4) 第四人做好记录，最后一起算出来。下面先由四人小组长分工，比

比哪一组测量得最仔细、计算方法最适当准确。(动作快的组再换一位同学进行测量)

学生测量,教师巡回指导。

4. 学生汇报——评出最优组(略)

二、感悟魔法

师分享小视频《关于头发的10个"你不知道"》。

(1) 一个人的头发从儿童到成年是逐渐增多的:30000~120000根。

(2) 正常人(成人)的头发大约10万根,头皮面积大约为700平方厘米;1平方厘米约有150根头发。

(3) 每根头发的寿命长短不一,平均每根头发的生命期限大约是3年,正常人每日大约会掉下20~100根头发。如果较长时期内每日头发脱落的数量都超过100根,则说明有异常脱发现象,应向医生求诊,找出大量脱发的原因。

(4) 头发的生长速度是每天约0.4毫米,平均每月大约长1.2厘米,一年大约长10~15厘米。在6~7月份,头发生长得最快。

(5) 发根在头皮以下深度:4毫米。

(6) 一根纤细的头发直径:45微米。

(7) 正常情况下,一根干燥的头发能被拉长30%,一根湿发能被延伸50%。

(8) 一根头发单独能承受的平均重量为100克。

(9) 一头头发可吊起两头大象:一个人的头发能承受12吨的重量,相当于两头大象的重量。当然,要用头发吊起大象的话,必须考虑头皮可以承受的限度。

(10) 不同人种的头发强韧度不同。亚洲人的头发最强韧,1根头发可吊起140克的重量,欧洲人的头发可以吊起111克的重量,非洲人的头发最脆弱,只能吊起70克。

三、总结全课

师:通过这堂有趣的"魔法数学"的学习,你有什么收获?

四、实践魔法

布置课后实践：

(1) 你能估计出学校有多少名同学吗？(每班约50人，39个班)

(2) 你知道自己身体中大概流动着多少血液吗？(人的体重约是血液的13倍)

课例9　跑步中的魔法——确定起跑线

【教学目标】

(1) 知识目标:通过活动让学生了解400米椭圆式田径场跑道的结构,学习利用圆的知识确定400米椭圆式田径场跑道起跑线的方法。

(2) 能力目标:通过观察和讨论,培养学生分析、推理、归纳等能力,提高学生解决数学实际问题的能力。

(3) 情感目标:通过创设问题情境,激发学生的学习热情,体验数学与生活的联系。

【教学过程】

一、旧知导入

1. 观赏魔法

课件出示2008年北京奥运会男子100米决赛视频和400米决赛视频。

2. 初探魔法

师:同学们,2008年北京奥运会已经结束了,男子100米决赛和400米决赛一如既往看得人血脉偾张,通过观看两场比赛的视频,大家有什么发现?

生1:我发现跑100米时运动员都在同一起跑线上,而跑400米时运动员们不在同一起跑线上,有的在前,有的在后。

生2:我发现运动员们都是在自己起跑的那条跑道上跑。

生 3:都是跑 400 米,为什么这些运动员不在同一起跑线上起跑呢?

生 4:我听体育老师说过,跑步时要跑内圈,因为跑外圈要吃亏一点。

生 5:我也听其他老师们这样说过,但是为什么跑外圈要比跑内圈吃亏呢?

生 6:可能内圈比外圈要短吧。

师:同学们分析得很好,外圈跑道为什么比内圈跑道长?长多少?这就是我们本节课要研究的问题——确定起跑线。

二、讲授新知

1. 探究魔法

师:提出学习任务——探究跑道结构,课件出示 400 米椭圆式田径场跑道结构示意图。(图 29)

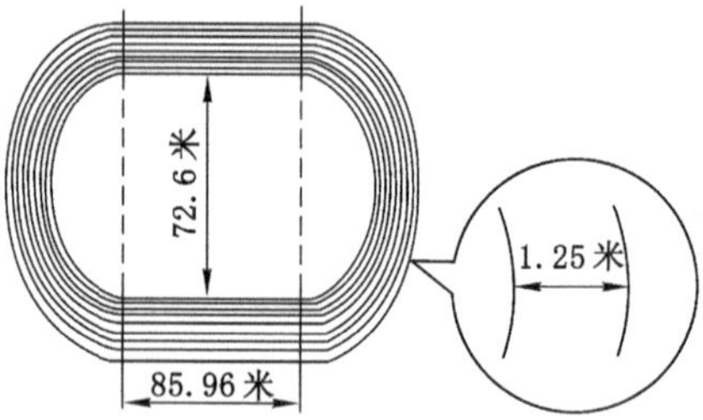

图 29 田径场跑道示意图

师:同学们,请大家仔细看看这幅图,把你看到的、想到的说一说。

生 1:每条跑道都是由一个长方形和两个相同的半圆组成的。

生 2:我认为这些直道的长度相等,而这些半圆形的跑道长不相等,外圈半圆形跑道要比内圈半圆形跑道长。

生 3:我终于明白为什么跑 400 米或者 1000 米时运动员们要从不同的地方起跑了,原来跑外圈要比跑内圈站靠前一点。

生 4:原来体育老师说的跑外圈要比跑内圈吃亏的道理在这里啊。

师:同学们很聪明,已经看出了其中的秘密所在,之所以在跑 400 米时从不同的起跑点起跑,就是为了保证公平。

2. 交流魔法——探究确定起跑线的方法

师:同学们研究了椭圆式田径场跑道的结构,下面我们继续研究相邻两

条跑道的长度差。π 取 3.14159,得数保留两位小数,大家小组合作完成表格。(表 8)

表 8　400 米椭圆式跑道相关数据

跑道	1	2	3	4	5	6	7	8
直径/米								
周长/米								
全长/米								

生:各跑道长是圆的周长加两直道长。圆周长用直径乘 π 便可求得。我们求得第一跑道的圆周长是 228.07943 米,全长约 400 米。

生:第二跑道的长是 407.85 米,减去第一跑道的长 400 米,差是 7.85 米,所以第二跑道起跑线的位置应该是在第一条跑道起跑线前面 7.85 米处的地方。

生:我们算出第三跑道的圆周长约是 243.79 米,加上两条直道的长,得到第三跑道的全长是 415.71 米,用它减去第二跑道的长得到 7.86 米。所以第二跑道的起跑线往前移 7.86 米就是第三跑道的起跑线。

(板书 1:相邻两跑道的长度差=外跑道的全长−相邻跑道的全长)

生:我们发现其实不用算出跑道的全长,只要算出两个半圆形跑道的周长,就能计算出相邻跑道的长度差。

师:你们为什么这么认为呢?

生 4:因为我们发现每条跑道的长等于圆的周长加上两条直道的长,而直道的长都是相等的,所以我们只需要用圆的周长相减就可以求出长度差。

(板书 2:相邻两跑道的长度差=外跑道圆周长−相邻跑道圆周长)

师:很好,哪个小组还有新发现?

生:我发现了一个更简单的方法,用 2.5 乘以 π 就可以得到两条相邻跑道的长度差。

师:为什么?

生:从刚才生 4 说的算法可以知道,用外圈圆的直径乘 π 的积减去内圈圆的直径乘 π 的积,得到 2.5π,所以我猜每两条相邻跑道的长度差是 2.5 乘 π 的积。

师:你能验证一下吗?

生:好！第一圈的直径是72.6米，那它的周长是72.6乘π;第二圈的直径是75.1米，那它的周长是75.1乘π，它们的长度差是2.5π。

(板书3:相邻两跑道的长度差=2.5π)

师:那么是不是其他相邻跑道的长度差都是2.5π呢？请同学们验证一下。

学生动手计算并验证。

生:我们在计算相邻两条跑道差时，发现有的是7.85米，有的是7.86米，到底是取7.85米还是7.86米？

生1:7.85米与7.86米只差1厘米，是很小的数，应该可以忽略吧。

师:生1说得对，之所以会出现1厘米的偏差，是因为我们的积取近似值造成的，通常取7.85米。

3. 实践魔法

师:在正式田径比赛中，要确定不同起跑线的跑步项目还有200米、800米。大家看看200米跑道的起跑线又怎样确定呢？

生:我们算出了各条跑道的全长，求出了相邻两条跑道的长度差是3.93米。

生:400米各条跑道的长度差都是7.85米，也就是2.5π，200米跑道的长度差是7.85除以2约等于3.93米，也就是2.5π除以2等于1.25π。

(板书:7.85米除以2约等于3.93米，2.5π除以2等于1.25π)

师:很有见解。3.93米(即1.25π)就是200米跑道的长度差。

三、全课总结

师:通过本节课的活动，你有什么收获？

生:我学会了计算田径场400米和200米相邻跑道的长度差。

生:我学会了确定起跑线。

生:我感受到在体育运动中也蕴含着数学知识。

师:的确，生活中处处都蕴含着数学知识，只要我们大家仔细观察就会发现数学与我们的生活息息相关！

课例10　超市中的魔法——货比三家

【教学目标】

（1）使学生了解人民币的实际价值，在探索解决问题的过程中，感受消费问题是在日常生活中的应用。

（2）在货比三家的过程中进一步培养学生独立思考、主动与他人合作交流、自觉检验的习惯，丰富对购物相关的数量关系的理解。

（3）积累解决简单购物问题的经验，与他人合作交流，体验成功的乐趣，增强学生学好数学的信心。

【教学重点】

根据实际购物情况灵活选择合适的支付方式。

正确把握购物过程中的数量关系。

【教学难点】

在实际购物中懂得运用比较的方式做出更实惠的选择。

【教学过程】

一、观赏魔法

师：同学们，大家都跟随家长去过超市购物，超市里有琳琅满目的商品，这个周末小能豆也和豆妈妈去超市购物了。在购物过程中小能豆遇到了一些问题，就让我们一起帮他解决吧！

情境一——周末妈妈带小能豆去超市购物，小能豆拿了一盒价值7元的饼干，在结账的时候给了售货员阿姨一张 10 元的人民币。可售货员阿姨却问小能豆："你手里还有没有 2 元零钱？"小能豆心想："明明我付了 10 元钱，不是已经超过 7 元了吗？为什么还要再付 2 元呢？"聪明的小朋友，你们知道阿姨为什么这么说吗？她的意图是什么呢？

师：按照原来的方式，付出 10 元买 7 元的商品，要找回几元？

生：3 元。

师：现在付过了 10 元，再付 2 元，一共付出多少元呢？

生：12 元。

师：那么现在要找回多少元？

生：5 元。

师：之前要找 3 回元，现在要找回 5 元，聪明的同学们，谁想到了其中的奥秘？

生：因为找回 3 元要找回 3 个 1 元，而找回 5 元只要 1 个 5 元。

师：人民币的面值有哪些？

生：100 元的，50 元的，20 元的，10 元的，5 元的，1 元的，5 角的，1 角的。

师：所以售货员阿姨再问小能豆要 2 元是为了找回一张几元的人民币？

生：5 元。

师：在我们的日常购物中，经常出现这样的情况.为了方便对方找零，我们也可以主动凑成尽量好找零的钱数付给对方，因为方便他人就是方便我们自己。

二、探究魔法

师：同学们帮助小能豆解决了第一个疑惑，我们一起来看看他的下一个疑惑吧！

情境二——刚结完账，小能豆垂头丧气地来到妈妈面前说："妈妈，我看到超市里有两种牛奶在促销，可是我却不知道哪种更合适。第一种说买 3 送 1，第二种买 5 送 2，你能帮帮我吗？"妈妈不假思索地快速答道："买第二种更合算！"你知道豆妈妈是如何迅速判断出来的吗？

生先同桌之间简单交流意见。

师：首先，同学们思考一下，能否把买 3 送 1 和买 5 送 2 变成较好比较的情况？

师：买3送1，那么买6就送几？

生：买6送2。

师：现在我们把买3送1转化成了买6送2，再来和买5送2进行比较就一目了然了。同样是送2个，一个要买6个，一个只要买5个，当然是买5送2更合算了。

三、实践魔法

师：通过刚才的故事，我们知道遇到类似这种需要我们做出选择的时候，可以把条件转化成较为简单的情况，再去做判断。同学们试试看，“买7送2”和“买5送3”这两种情况哪种更合算呢？说说你的理由。

生：买7送2更合算，因为买4送1可以转化成买8送2。

生：买5送3更合算，因为买5送3可以转化成买20送12，买7送4可以转化成买21送12。

四、感悟魔法

师：同学们，我们在超市中常见的除了买几送几以外，还有另一种情况，我们跟随小能豆继续看一看吧！

情境二——小能豆兴奋地说道：“刚才在结账的时候，售货员阿姨给了我一张优惠券，下次买东西的时候可以半价！”这时妈妈也拿出一张优惠券说：“刚才也给了我一张，我的这张购物满100元可以减60元。”小朋友们，假如下次豆妈妈和小能豆购买100元的商品，用谁手里的优惠券更合适？如果一次买了200元的商品呢？

师：同学们请以小组为单位，通过计算合作完成我们的表格，组内讨论什么情况下用半价券合适？什么时候用减价券合适？

师：下面请同学们说一说小组内讨论的结果吧！

生：通过表格我们可以判断出当买100元商品时用减价券合适，当买200元商品时用半价券合适。

师：同学们，我们今天跟随小能豆发现，原来超市购物中也有着那么多的学问。当同时面临多个选择时，我们可以通过比较判断出最优的结果，这其实就是货比三家的策略。在我们日常生活中，这种策略也被广泛运用在各个方面，运用我们的数学知识，就可以解决许多类似的问题。

课例11　我是小侦探——逻辑推理

【教学目标】

(1) 通过观察、猜测等活动，经历简单的推理过程，理解逻辑推理的含义，获得简单的推理经验，初步培养学生有序全面思考问题的意识。

(2) 在逻辑推理的过程中学习简单地、有条理地思考。

(3) 培养学生大胆猜想、积极思维的学习品质，体会数学思想在生活中的用途，激发学生学好数学的信心。

【教学重点】

利用表格进行条件的整合、分析、推理，建立有序思考问题的意识。

【教学难点】

寻找解决问题的突破口，有条理地表达推理过程。

【教学过程】

一、初探魔法

师：同学们知道名侦探柯南吗？聪明的柯南总能从一些细节中分析出线索，并准确、有条理地说明自己判断的理由，将一个又一个罪犯绳之以法。今天这节课我们也做一回小侦探，看看谁能侦破扑朔迷离的“案情”。

情境一——小刚、小辉和小强三个男孩各有一个妹妹，六个人进行乒乓球混合双打比赛。事先规定：兄妹二人不许同队。第一场：小刚和小丽对小强和小英。第二场：小强和小红对小刚和小辉的妹妹。聪明的小朋友知道三个男孩的妹妹分别是谁吗？

师：给大家一点时间进行思考，可以小组讨论如何分析条件，怎样判断三个男孩的妹妹分别是谁？

师：哪位同学说一说你们小组内讨论的结果？

生交流。

师：我们可以借助表格来分析条件，不放过任何一个有价值的线索。首先因为兄妹不许同队，因此小刚与小丽、小强与小英、小强与小红都不是兄妹。我们在表格对应的位置打"×"。

师：由第二场看出，小红不是小辉的妹妹。第一轮从条件中的分析得出了表格中现在的结果，接着我们继续分析，要从薄弱环节入手。

师：同学们仔细观察表格，找一找谁的妹妹我们可以确定了？说说你的理由。

生：可以确定小强的妹妹是小丽，因为小英和小红都被排除了。

师：那么小丽只能是小强的妹妹，就不能是小刚和小辉的妹妹，请同学们继续把我们的推断填入表格。

师：现在小辉的妹妹是谁？理由呢？

生：小辉的妹妹是小英，因为小丽和小红都被排除了。

师：根据同学们的分析，我们就推理出小刚的妹妹是小红、小辉的妹妹是小英、小强的妹妹是小丽。

二、探究魔法

师：经过刚才的热身，想必同学们已经初步找到了解决推理问题的感觉，下面我们来帮助大魔法师断案吧！

情境二——四个小朋友宝宝、星星、强强和乐乐在院子里踢足球，一阵响声惊动了正在读书的大魔法师，大魔法师跑出来查看，发现一块窗户玻璃被打破了。大魔法师问是谁打破了玻璃。宝宝说是星星无意打破的。星星说是乐乐打破的。乐乐说星星说谎。强强说反正不是他打破的。如果只有一个孩子说了实话，那么这个孩子是谁？是谁打破了玻璃？

师：这里宝宝说是星星、星星说是乐乐、乐乐反驳星星、强强说不是自己。因为星星和乐乐说的正好相反，所以必是一对一错，我们可以逐一假设检验。

师:请同学们以小组为单位讨论分析,逐一假设。

生小组讨论。

师:认为星星对的同学请举手,认为乐乐对的同学请举手。下面我们一起来分析。

师:假设星星说得对,即玻璃是乐乐打破的,那么强强说的也对,这与"只有一个孩子说了实话"矛盾,所以星星说错了。

师:假设乐乐说对了,由强强说错了推知玻璃是强强打破的。宝宝、星星确实都说错了,所以是强强打破了玻璃。

三、实践魔法

师:在解决推理问题时,可以先用表格整理出已知信息,再根据已知信息寻找突破口,逐步排除,最后推理出结论。注意要循序渐进地分析、全面地思考。

师:想必同学们现在已经跃跃欲试,迫不及待地化身成侦探了,下面每位同学都来试一试吧!

(1) 小王、小张和小李一位是工人,一位是农民,一位是教师。现在知道:小李比教师年龄大,小王与农民不同岁,农民比小张年龄小。问:谁是工人?谁是农民?谁是教师?

(2) 甲、乙、丙、丁四人同时参加全国小学数学夏令营。赛前甲、乙、丙分别做了预测。甲说:"丙第1名,我第3名。"乙说:"我第1名,丁第4名。"丙说:"丁第2名,我第3名。"成绩揭晓后,发现他们每人只说对了一半,你能说出他们的名次吗?

生独立完成后进行全班交流,明确自己的判断结果并说明理由,同学进行评判。

四、全课总结

回顾一下,今天我们在"魔法数学"王国学习了什么?

师:同学们,我们在遇到问题的时候,不能着急,要通过观察、猜测等活动,进行简单的推理,在有条理的思考过程中我们要组织好语言进行表达。今天,大家通过这节"魔法数学"课学到了不少的知识,希望大家可以运用这些知识更好地去解决生活中的实际问题!

课例 12　经典数学题——认识走马灯数

【教学目标】

(1) 了解走马灯数的历史渊源和初步原理。

(2) 体验探究走马灯数的初步原理的过程，涵养数学思想方法。

(3) 进一步激发学生学习数学的兴趣，让学生获得学习成功的体验。

【教学过程】

一、观赏魔法

师：同学们，你们知道什么是走马灯吗？走马灯究竟起源于何时？

视频播放走马灯数的追根溯源。

师：早在唐代，中国已具有比走马灯更为高妙的制灯技艺了。走马灯正是因为制作简易，才得以为民众所接受并普及开来。今天，我们就和大家一起进入走马灯的魔幻城堡里认识“神奇的走马灯数”。

二、体验魔法

师：亲爱的同学，准备好了吗？我们开始吧！同学们，你听说过神奇的走马灯数 142857 吗？

生：142857？很普通的六位数啊！为什么说它神奇呢？

师：别着急，下面我们来做个游戏。我们把 142857 依次乘自然数 1～6，试试看：

142857×1＝142857。

142857×2＝285714。

142857×3＝428571。

142857×4＝571428。

142857×5＝714285。

142857×6＝857142。

生：用计算器进行计算。

师：观察算式，你发现了什么？

生：它们的积还是由1、4、2、8、5、7这6个数字组成，只是数字的顺序和位置变了。

师：你观察得真仔细，那142857乘以7得多少呢？我们来看看。

142857×7＝999999。

生：居然是999999！

师：142857，又名走马灯数，被发现于埃及金字塔内。它是一组神奇的数字，它证明一星期有7天，它自我累加一次，就由它的6个数字依顺序轮值一次，到了第7天，它们就放假，由999999去代班。

142857×1＝142857。（原数字）

142857×2＝285714。（轮值）

142857×3＝428571。（轮值）

142857×4＝571428。（轮值）

142857×5＝714285。（轮值）

142857×6＝857142。（轮值）

142857×7＝999999。（放假由9代班）

三、探究魔法

师：我们继续乘会怎么样呢？你又能发现什么呢？

142857×8＝1142856。

142857×9＝1285713。

142857×10＝1428570。

142857×11＝1571427。

142857×12＝1714284。

142857×14=1999998。

生：我发现142857依次乘自然8～14所得的积都变成了七位数，其中142857中有一个数分成1和几，1在积的最高位上，几在积的最低位上。比如，142857×8=1142856。(7分身成了1和6，1在最高位千万位上，6在个位上)

师小结：是的，数字越加越大，每超过一星期轮回，每个数字需要分身一次。不需要计算器，只要知道它的分身方法，就可以知道累加的答案。

142857×8=1142856。(7分身，即分为头一个数字1与尾数6，数列内少了7)

142857×9=1285713。(4分身)

142857×10=1428570。(1分身)

142857×11=1571427。(8分身)

142857×12=1714284。(5分身)

142857×13=1857141。(2分身)

142857×14=1999998。(9也需要分身变大)

四、交流魔法

师：我们再把这个数拆分一下看看。

(1) 把142857分解成两组数字142，857，它们的和142+857=999。

(2) 把142857分解成三组数字14，28，57，它们的和14+28+57=99。

(3) 把142857分解成1，4，2，8，5，7，它们的和1+4+2+8+5+7=27(2+7=9)。

生：拆分后再相加，和都与9有关系呢。

师：再来看看除法，你有什么发现？

1÷7=0.142857142857……

2÷7=0.2857142857142857……

3÷7=0.42857142857142857……

4÷7=0.57142857142857……

5÷7=0.7142857142857……

6÷7=0.857142857142857……

生：我发现用1～6除以7，所得的商是循环小数，循环节也是142857这几个数字。142857 这个数真是太神奇了！

师小结：142857 因为有了这样神奇的循环特性，被人称为“走马灯数”。它还有更神奇的地方等待着大家去发掘！如果你发现了，别忘了与伙伴分享哟！

课例 13　在魔法智慧园中寻找魔法——两位数加一位数(进位)

【教学目标】

(1) 结合“魔法数学”的教学模式,学生在动手操作、合作交流的过程中,探索两位数加一位数进位加的口算方法,理解进位加法的算理,能正确口算100 以内的两位数加一位数的进位加法。

(2) 使学生在参与数学活动的过程中,逐步养成独立思考的习惯,学会有条理地表述计算过程。

(3) 使学生在探索算法和解决问题的过程中培养自主探索的兴趣,建立学好数学的信心。

【教学过程】

一、复习铺垫,引入“魔法数学”情境

师:孩子们,魔法智慧乐园有一些果子,大家一起走进来看一看。

[出示智慧园中的智慧树(书上若干算式),算对即可获得一个果子]

(指名口算,并说说口算过程)

师:我们已经学过了两位数加一位数,一般先算一位数加一位数,再把算得的结果和整十数相加,今天我们继续在魔法智慧乐园中学习两位数加一位数。

二、提出问题，探究算法

师：小朋友们，一年级马上就要结束了，经过一学年的努力，小朋友们都得到了很多表扬卡，你能说说你得了几张吗？

师：下面，我们一起去看看小明、小亮和小红各得了多少张表扬卡，从图中你能得到哪些数学信息？

生分析已知信息。

1. 初探魔法

师：你能根据这些数学问题提出用加法计算的数学问题吗？

学生提出的问题：

(1) 小明和小红一共有多少张表扬卡？(9＋6)

(2) 小亮和小红一共有多少张表扬卡？(24＋6)

(3) 小亮和小明一共有多少张表扬卡？(24＋9)

(4) 三个人一共有多少张表扬卡？(24＋6＋9)

2. 二探魔法

师：你们真厉害，提出了这么多的问题，你会列式解决吗？

学生列出算式。

师：哪个算式是我们已经学过的？这节课我们重点学习“24＋6”和“24＋9”这两道算式。

3. 交流魔法

(1) 探讨“24＋6”的算法。

师：先小棒摆一摆，再和同桌交流你的摆法。

师：(追问)如果不用小棒，你会用分解式解决这道算式吗？

生当小魔法师，上台边板书边讲解。

(2) 探讨“24＋9”的算法。

师：不用小棒，你能算出“24＋9”的答案吗？

在小组里交流算法，推选小魔法师上台，边板书边讲解。

4. 交流魔法

师：观察我们今天学习的这两道算式，都是先算什么？再算什么？和以前学的两位数加一位数有什么相同和不同？

小结：今天学习的两位数加一位数，口算时也和前面一样，先算个位上几加几，再把几十和相加的得数合起来。不同的是今天个位上几加几满10了，所以要把几十和10或十几合起来，这时个位上相加所满的1个10要和前面十位上几个10相加，得数十位上就比原来多了一个十。这样的两位数加一位数叫作“进位加”。

三、巩固运用

师：今天的知识你学会了吗？那我来考考你，如果把老师的问题都答对，你将会得到一张表扬卡哦！你能帮助亮亮解决这两道算式吗？

35＋（　）＝3（　）　　35＋（　）＝4（　）

四、全课总结

师：小朋友们，回顾一下今天我们在魔法智慧园中学习了什么知识？

师：我们通过用小棒摆一摆，发现了两位数加一位数进位加的口算方法，课后请把你的方法说给爸爸妈妈听。

课例 14　魔法数学——巧算两数位乘两位数的魔法

【教学目标】

(1) 在“魔法数学”情境中理解两位数乘两位数的规律，掌握巧算的方法。

(2) 在学习过程中培养学生的观察能力，提高学生的计算能力，培养数感。

(3) 学生在巧算两位数乘两位数的过程中树立起数学学习的自信心。

【教学过程】

一、观赏魔法

师：同学们，你们看过魔术表演吗？神奇的魔术师会让人觉得他们拥有超乎自然的神秘力量。而有一种魔法师，数学魔法师，加减乘除在他的脑子里闪电般地运算，几乎比用计算器还快。别说什么神秘力量了，简直就是不可思议的天才！今天这节课的开始，就让我们先认识一位震惊世界的数学魔法师——亚瑟·本杰明。

师：同学们，想不想领略一下本杰明令人叹为观止的魔法数学表演？请看大屏幕。(播放 ppt 视频)

师：本杰明魔法数学精不精彩？嗯，今天老师也要为大家带来魔法数学的表演。

师：“同学们，我们上周刚刚学习了两位数乘两位数的笔算乘法，学会了用列竖式的方法来求两位数乘两位数的积。这竖式好是好啊，可在你心里是不是总觉得还有点美中不足的地方？”

生：竖式太复杂，容易错。

师：看来是“懒汉”所见略同啊。老师现在要不列竖式妙算结果了！

师表演计算 34×11，25×25，846×11，83×87，78×78，98×89，11×85，22×23。

（请一生出示算式卡，一生上台用计算器验证。完全正确！学生为老师鼓掌）

师：（激趣）孩子们，你们想知道两位数乘两位数背后的魔法奥秘吗？

二、探究魔法

（一）探究两位数乘 11 的奥秘

1. 一探 34×11 的奥秘

（1）探魔法。

师：让我们先从 34×11 这道算式入手吧。一个两位数与 11 相乘的积有什么奥秘？这奥秘呀就藏在它的竖式中。拿起笔，让我们算一算，探一探 34×11 中的奥秘。

一生上台列出“34×11＝374”的竖式过程。

师：同学们动作挺快呀。请思考：积的每一位上的数和原来的两位数比较，你有什么发现？先和你的同桌说一说。

（2）验证魔法。

师：是不是所有的两位数乘 11 都是这样？我们只算了一道算式，你觉得够吗？

生：不够，一个例子不足以说明问题。

生：多算几道算式试一试看。

师：老师这里准备了一些。验证魔法的时刻到了，同学们，竖式刷起来。

生列竖式验证，汇报结果。

师：（引导小结）算完后有没有验证你的猜测？谁能用专业的数学语言来说一说，两位数乘 11 的奥秘是什么？

生交流补充，达成共识：积个位上的数与原来两位数个位上的数一样；

积百位上的数，与原来两位数十位上的数一样；积十位上的数等于原来两位数个位与十位上数的和。

师：在数学上这种算法还有大名鼎鼎的一句口诀——两边一拉，中间相加。（擦掉黑板上原来的的竖式，修改板书）

$$34 \times 11 = 374$$

3　7　4

师带着孩子们一起做动作，齐说。

（3）秀魔法。

师：魔法秘诀到手，下面就是你秀一秀魔法的时候了。还是这几道题不列竖式了，用我们的魔法再算一遍，看谁快！"

2. 二探 85×11 的奥秘

师：85×11 中又藏着什么魔法呢？为什么小手放下一半？现在遇上了什么麻烦？

生：两边一拉，中间相加满 10 了，怎么办？

生：满十进一，该怎样进？

师：是啊，中间相加满 10 了怎么办？我们刚才的方法还适用吗？要想知道梨子的滋味还是要自己试一试，在你的魔法实验室里开动吧。

生自主探究，互助交流。

生汇报时，讲解（黑板板书）两边一拉中间相加的过程（带有竖式验证的）。

师：既说出了想法，又进行了验证。真好，掌声送给他！

3. 三探 846×11 的奥秘

师：那三位数乘 11 呢？846×11，纸、笔，刷起来！

生独立进行，小魔法师上台进行讲解。

师总结：孩子们，你们可别小瞧了我们刚才的这个过程。你们做的这可是科学家们做的事情。你们自己认真观察，大胆猜测，验证规律，这可是实打实的研究啊！为自己鼓掌！

（二）探究 25×25 和 83×87 的奥秘

1. 讲授"平方数"的含义

师：打通了今天的魔法第一关，现在我们向下一关进发。在进行下一关之前，老师想给大家介绍一个新词儿——平方数。一个数乘它本身得到的积，就是这个数的平方数。比如 1 的平方数是 1×1＝1，2 的平方数是 2×2＝4，3 的平方数是 3×3＝9……那 25×25 呢？

2. 梳理方法，鼓励探究

师：经历了两位数乘 11 的探究过程，要寻找 25×25 的奥秘，你打算怎样下手？

生：计算，举例验证，总结。

师追问：研究 83×87 呢？

生：计算，举例验证，总结

师出示魔法探究单任务。

(1) 25×25 和 83×87 的积分别是多少？

(2) 25×25 和 83×87 的十位和个位上的数都有什么特点？

你能试着总结计算这一类题目的奥秘吗？

师：继续打开你的魔法实验室，开始吧。

生探索和交流，汇报：25×25＝625，83×87＝7221；十位相同，个位相加得 10。

小结：积的末两位是两个乘数个位上数的积，积的高位是乘数最高位上的数乘比它大 1 的数。

3. 小游戏：快问快答

第一组：师出题 5×5，15×15，25×25，35×35，45×45，55×55，生答。

第二组：开火车，生问生答。

4. 引发对新魔法的猜想

师：算到这儿，你过瘾了吗，你心里还有什么更大胆的想法？

生：算任意一个数的平方数的奥秘是什么？如 78×78。

生：个位上相加不等于 10 的(十位不相同的) 有什么奥秘？如 89×98。

三、总结全课

生分享本节课收获。

师：孩子们今天表现得真棒，祝贺你们！在成为数学魔法师的路上，你们已经成功迈出了第一步！

写在最后：属于我们的“魔法”才刚刚开始

完成书稿又数了数，四十不惑的日子已经又走完一年。距懵懵懂懂踏上工作岗位时18岁的自己已足足过去了23年，距“‘魔法数学’校本课程的开发和实践研究”作为江苏省教研室十二期重点课题立项也已3年有余了。

人在旅途。

人总是在人生重要的时刻不由得频频回首。回望自己伫立三尺讲台上23年的时光，说短暂竟是那样漫长，说漫长竟也如此匆忙。回首往昔，这23年的教育心路可以分成3个阶段吧。第一个阶段：1998—2012年。如果要给这阶段起名字，那就叫“一颗赤子之心”吧。是的，就是一颗最纯粹的想当个好老师的心。就想当个好老师，不惜力、不计较，不犹豫、不彷徨。记不清多少次的钻研备课、辅导学生、自出练习试卷，为了学困的孩子一点点的进步不敢有一天的松懈；就想当个好老师，为提升自己的管理能力，主动追着校长申请“我要当班主任”；就想当个好老师，孩子们的好成绩永远是工作给我最大的奖赏。像曾经带了6年的两个班的课代表，一个进入了中科大苏中少预班，一个进入了无锡天一中学，还有一年一年、一批一批的孩子们带着喜讯来看我，都是我心头最大的骄傲……当2009年，一纸当时的小高（现在的小学一级）证书拿到手的时候，我有一种错觉，觉得作为教师职业的该完成的任务好像都完成了，心头一秒钟的满足。而更多的，是何去何从的迷茫。

幸好，生活随即给了我一针强心剂。

2012年的4月，我获得了由于江苏省教研室和江苏报刊总社举办的省“杏坛杯”课堂教学展评一等奖第一名，那样的一个契机，打开了我人生重要的第二个阶段——把它叫作“一颗开蒙的心”吧。也就是那一次的比赛，那样一个省级赛事，给了一个初出茅庐的姑娘的人生最大的彩蛋，给了她一双眼，让她看到了一个更高的更广阔的舞台。我开始明白：好的教育教学，不仅仅是要下力气，更要掌握科学的规律性的东西，才能取得更高效的成果，让“教”和“学”都更轻松。于是，我告诉自己脚步不能停：自此更加积极地投身于教科研，逼着自己多读书读好书，在阅读中丰厚理论修养；坚信“只有写才会写”，在动笔中提升写作能力；积极争取每一个上课机会，在历练中提升自己的教学素养……一分付出一分收获，生活很快给予我回馈：继省“杏坛杯”课堂教学展评一等奖之后，我先后获得徐州市优质课一等奖、全国“新技术支持下的个性化学习”赛课一等奖、教育部“一师一优课”部级“优课”、省优质课二等奖、省基本功比赛二等奖、徐州市基本功比赛一等奖。我于2016年先后获评徐州市优秀教育工作者、徐州市“学讲”工作标兵、云龙区青年名教师；2017年获得中小学高级教师职称，被评选为徐州市青年良师；2018年入选特级后备培训班并以优秀学员身份毕业；2019年评为大市级学科带头优师，加入了省名师工作室团队，3年来在省市区级活动中执教公开课或讲座40余节次，“魔法数学”登上大大小小的舞台……更重要的是，在这一路上，自己的教学研究意识焕然一新，前所未有地体会到课题研究的价值和更多乐趣。继主持徐州市“十三五”规划课题“小学生核心素养之探究能力培养的实践研究”之后，申报的课题“‘魔法数学’校本课程的开发和实践研究”以江苏省教研室十二期重点课题进行立项。极具意义的是，3年多的实践与探索，在孩子们中间掀起一轮轮学习“魔法数学”的热潮：引导学生在奇妙魔法的问题情境和任务驱动下开启学习数学知识的大门，通过“欣赏魔法、揭秘魔法、秀魔法、创编魔法”的模式学数学，引领学生自主开发“魔法数学”的课程内容，每年级一个主题的魔法比赛，一年一度的“魔法数学节”，徐州市青年路小学教育集团6000名学生的狂欢……至今已经如火如荼地进行了3年。在这3年中，一次次魔法记录被刷新，一位位小魔法师诞生，一套适用于低、中、高3个年级段的校本课程被开发。我们欣喜地看到学生的数学素养得到提升，学习热情和积极性大大提高，自主学习自主发展的能力增强。良好的社会反响，让作为课题主持人的我欣喜不已。

过去的3年多，难忘在不同成长阶段里“魔法数学”课题给予自己的启发与感动，更难忘课题立项以来，和小伙伴们心手相牵的每一个努力拔节的日子。

“千磨万凿出深山，烈火焚烧若等闲。”传承经典的古训，总是能告诉我们人生的真谛。新生命的诞生需要千磨万凿的锻炼，方能成就其顽强的生命力。“魔法数学”这颗小魔豆从孕育到诞生的3年多来，在专家引领下源源不断地汲取着专业的理论和前沿的学术思想，拔节生长着属于自己的生命力和创造力。年轻的老师们，一边用力托举着小魔豆们自主生长，一边努力拔节，在专家的悉心指导下，不断激发内驱力自主发展。据不完全统计，过去3年多来，仅由南京师范大学吴永军教授作为首席导师的专家团参与指导的课题研讨达数十次。从课题评审书的一遍遍打磨到课题目标的字斟句酌、从子课题的科学划分到课程纲要的精心梳理、从各年级课程内容的反复遴选到“如何让一个‘魔’字落地”的数次研讨………数不清的一个个周末，数不清的一次次对话。与贤者同行，一位位年轻的“魔法师”们如同海绵般地吸纳，和孩子们一起如同春笋般地生长着。

独行快，众行远。团队无坚不摧的力量为课题的每一位参与者注入巨大动力。“魔法数学”团队的年轻“魔法师”们在积极响应专家引领的同时，从没有放弃自我的一次次修炼。近百篇的文献梳理、近千份的问卷调查分析、六大板块的划分验证、校本课程教材的集体闭关编写、一次次的阶段性自查和常规例会…… 办公室、会议室、教室、心理室，无论何地，只要有一块黑板就能铺陈思想，只要有三尺空地就能当作讲坛，每一份思想就此熠熠生辉、闪闪发光。一次次情不自禁发出的朋友圈，最能够记录那一次次汗水与收获！

脚步已然走到今日，终可以回顾往昔，但更要放眼未来。“让学生通过魔法爱上数学，用自己喜欢的方式学好数学”是我们的初心，更是夙愿。“魔法数学”校本课程的研究在今时今日仅仅是一个“逗号”，未来还会有更多我们不断追寻的“省略号”和“叹号”。让“魔法”飞一会儿，搭建为梦想起飞的桥梁，为了值得我们终身热爱的儿童，也为了我们自己！

我亲爱的孩子们，脚下的路才刚刚铺开，属于我们的“魔法”才刚刚开始……

著者

2021 年春